# LES
# LOIS DE PATRONAGE
ET
# D'ASSISTANCE OUVRIÈRE
# EN AUTRICHE

PAR

E. GRUNER

INGÉNIEUR CIVIL DES MINES, ANCIEN ÉLÈVE DE L'ECOLE POLYTECHNIQUE

PARIS
IMPRIMERIE ET LIBRAIRIE CENTRALES DES CHEMINS DE FER
IMPRIMERIE CHAIX
SOCIÉTÉ ANONYME AU CAPITAL DE SIX MILLIONS
Rue Bergère, 20
1887

LES

# LOIS DE PATRONAGE

ET

# D'ASSISTANCE OUVRIÈRE

# EN AUTRICHE


PAR

E. GRUNER

INGÉNIEUR CIVIL DES MINES, ANCIEN ÉLÈVE DE L'ÉCOLE POLYTECHNIQUE

PARIS
IMPRIMERIE ET LIBRAIRIE CENTRALES DES CHEMINS DE FER
IMPRIMERIE CHAIX
SOCIÉTÉ ANONYME AU CAPITAL DE SIX MILLIONS
Rue Bergère, 20
1887

# LES LOIS DE PATRONAGE

ET

# D'ASSISTANCE OUVRIÈRE

EN AUTRICHE

## CHAPITRE PREMIER

### Notions générales

Comme nous le disions dans un précédent travail (1), chaque pays en Europe a vu, dans les dernières années, la question ouvrière se poser avec une netteté nouvelle, et a été amené à étudier les solutions à y apporter. L'Allemagne a senti le plus vivement la sourde agitation des masses populaires et, par des moyens divers, souvent contradictoires en apparence, a cherché tantôt à écraser, tantôt à diriger et à satisfaire le parti socialiste.

L'Autriche est unie à l'Allemagne par des liens trop anciens et trop nombreux, pour que les mêmes questions ne s'y posent pas sous la même forme et presque au même moment. Mais grâce au tempérament moins positif, moins rude de sa population, l'antagonisme des classes s'est moins accentué, et l'étude des modifications à apporter aux lois

(1) Les lois d'assistance ouvrière en Allemagne.

relatives aux classes ouvrières a pu se poursuivre sans autant de précipitation.

Le travail législatif allemand a été suivi avec la plus constante attention par la presse autrichienne; et le gouvernement a été conduit par des motions introduites devant la Chambre à déposer successivement sur le bureau du Reichsrath une série de projets imités sur les projets allemands, mais s'en distinguant toujours sur bien des points. Il a profité de la lumière apportée sur ces questions de patronage, de responsabilité civile, d'assurance ouvrière, par les longs débats devant les Chambres de l'Empire allemand et par les publications nombreuses qu'ont suscitées ces délibérations. Il a surtout suivi avec grande attention la mise en vigueur des lois votées, et a cherché à éviter celles des formes allemandes qui ont paru soulever des difficultés au moment de l'application.

C'est ce caractère souvent plus pratique des lois autrichiennes qui en rend l'étude particulièrement intéressante.

## REVUE DES PRINCIPALES LOIS AUTRICHIENNES TOUCHANT A LA QUESTION OUVRIÈRE

Les Chambres autrichiennes ont eu successivement à délibérer :

1° Sur l'*Organisation générale de l'industrie ;*

2° Sur la *Création d'un corps d'Inspecteurs* chargés de surveiller toutes les industries au point de vue des *mesures à prendre contre les accidents :*

3° Sur l'*Assurance obligatoire des ouvriers contre les accidents ;*

4° Sur l'*Assurance obligatoire des ouvriers contre la maladie.*

Les deux premiers projets ont été votés et sont entrés en vigueur ; le troisième vient de passer devant la Chambre des Seigneurs et doit être examiné à nouveau par la Chambre des députés à cause de quelques changements peu importants apportés par la Chambre-Haute ; quant au quatrième, il est en ce moment même en discussion à la Chambre des députés et sera voté avant peu de semaines, si les préoccupations politiques ne détournent pas momentanément l'attention des questions ouvrières.

## PRINCIPES QUI GUIDENT LA MAJORITÉ DANS LE PARLEMENT AUTRICHIEN

L'esprit qui anime la majorité de la Chambre et qui la guide dans la voie du socialisme chrétien, sur les traces du prince de Bismark, apparaît nettement dans les paroles suivantes du prince de Lichtenstein, extraites de son rapport sur la nouvelle loi sur l'industrie : « Le travail » n'est pas une affaire privée, mais une fonction déléguée par la société » à chacun de ses membres. Le paysan qui laboure son champ, l'ou- » vrier qui travaille dans un atelier est un fonctionnaire de la société, » aussi bien que l'employé du Gouvernement dans son bureau, ou » l'officier sur un champ de bataille. Le travail, comme toute fonction, » crée donc une série d'obligations réciproques entre celui qui le four- » nit, la société, et celui qui l'exécute, l'ouvrier. Auprès de cette » conception, combien paraît étroite la définition qui a cours aujourd'hui » en économie politique et qui fait du travail une marchandise soumise » à la loi de l'offre et de la demande. »

Ces paroles ont une importance toute spéciale, puisque le prince de Lichtenstein a été également rapporteur des différents projets de loi sur l'assurance obligatoire contre les accidents dans la Chambre des députés.

Mais la majorité de la Chambre n'est pas seulement catholique et conservatrice; elle est antiallemande et fédéraliste. L'élément slave est sans cesse en lutte avec l'élément allemand et avec l'élément juif dans l'Empire autrichien. La grande industrie est entre les mains des juifs et des Allemands. L'organisation corporative, suivant le type allemand, eût soumis l'industrie slave encore faible et à ses débuts, au contrôle et à la surveillance de l'industrie judéo-allemande. Dans les assemblées ouvrières, l'élément catholique eût été débordé par l'élément libéral. On comprend donc l'union des partis slaves et catholiques sur ce terrain social, pour conserver leur suprématie dans celles des provinces où ils dominent encore.

## CARACTÈRES DISTINCTIFS DES LÉGISLATIONS ALLEMANDE ET AUTRICHIENNE

Les lois allemandes visent, « en développant le bien-être des ouvriers, à guérir les plaies sociales ». Mais le jour où le prince de Bismark s'engageait dans cette « voie positive » comme disait l'Empereur, il n'avait garde de renoncer aux lois répressives contre les excès du socialisme, et d'oublier ses visées protectionnistes.

On ne saurait trop admirer la remarquable unité de vues du Chancelier sur ce double terrain économique et social.

Par les lois d'octobre 1878, il sévit contre les socialistes. Mais puisque les socialistes échappent à la surveillance de sa police, il les enrégimente sous prétexte d'assurance contre la maladie et établit un contrôle de plus sur leurs allées et venues. Tout ouvrier doit être inscrit par son patron sur les registres de la Caisse d'assurances de la fabrique ou sur ceux de la Caisse communale dans les trois jours de son arrivée, et rayé dans les trois jours du départ. L'autorité peut, en tous temps, vérifier ces registres qui portent les nom, prénoms, âge, métier, origine de l'ouvrier. Veut-il secouer le joug et ne s'affilier qu'à une Caisse libre, l'ouvrier, loin d'échapper à la surveillance, la rend plus attentive, plus méticuleuse; car il doit prouver à son nouveau patron de quelle Caisse il fait partie en lui remettant un certificat officiel qui est déposé entre les mains de l'autorité pour justifier la non-inscription dans la Caisse dont font partie tous les autres ouvriers.

Par les lois de juillet 1879, le Chancelier se lançait dans la voie de la protection de l'industrie nationale, mais il ne possédait pas les pouvoirs nécessaires pour contrôler dans ses détails l'effet de ces lois ; il introduisit donc dans la loi d'assurance contre les accidents un organe central, l'Office impérial, muni de pleins pouvoirs pour pénétrer dans tous les détails de l'organisation intérieure des industries. Sous prétexte de vérification de la participation financière de chaque industriel, l'Office a le droit de contrôler toutes les feuilles de paie; sous prétexte de répartition suivant les classes de risques, de surveillance pour prévenir les accidents, il peut pénétrer dans toutes les parties des usines et se faire remettre des renseignements complets sur toutes les parties de leur organisation.

Les lois allemandes, sous une apparence de philanthropie, sont donc avant tout un nouvel et puissant organe de centralisation, de surveillance et de domination entre les mains du Chancelier. Le parti socialiste ne s'y est pas trompé; il a deviné les griffes sous la patte de *velours*.

Les lois autrichiennes sont une œuvre d'imitation; elles sont le fruit d'un mouvement de généreuse émulation sur le terrain de philanthropie sociale. Elles ne sont pas l'œuvre personnelle d'un homme poursuivant un même but par les voies les plus diverses. Ce ne sont ni des lois de surveillance occulte, ni des lois d'inquisition industrielle quant à leur but ; mais, en fait, elles donnent aux autorités un droit de s'ingérer dans les affaires qui peut devenir dangereux pour l'indépendance des patrons comme aussi des ouvriers.

Tandis que les lois allemandes visent à l'unification, et sont l'œuvre d'un homme dont le but est sans cesse de faire disparaître toutes les anciennes divisions politiques et administratives, les lois autrichiennes sont l'œuvre d'un Parlement où domine l'esprit fédéraliste, décentralisateur.

Plusieurs des inconvénients des lois allemandes disparaissent donc par suite de l'absence d'unité gouvernementale en Autriche. Mais pour tout pays centralisé, des lois imitées sur la législation ouvrière allemande conserveraient forcément ce caractère envahissant contre les patrons et contre les ouvriers.

## CHAPITRE II

### Loi modifiant la loi sur l'industrie.

(Loi du 15 mars 1883.)

Strictement enchaîné dans sa corporation, l'ouvrier autrichien se trouvait encore, pendant les soixante premières années de ce siècle, obligé de se soumettre à toutes sortes de prescriptions et de coutumes dont l'origine remontait au moyen âge.

La patente impériale du 20 décembre 1859 fit succéder subitement un régime de liberté à cet état semi-féodal ; le caractère obligatoire des corporations fut aboli, et celles qui ne disparurent pas complètement ne vécurent plus que par la libre adhésion de leurs membres, sans qu'aucune sanction légale ne vînt étayer leur ancienne autorité.

La loi du 15 mars 1883 a été un retour partiel vers le passé ; la grande industrie est née en Autriche de la liberté accordée en 1859 ; elle échappe trop complètement aux cadres anciens pour pouvoir y être renfermée à nouveau ; mais la petite industrie, elle au moins, rentre sous le joug et est de nouveau soumise au régime corporatif, avec son *apprentissage obligatoire, ses maîtrises, ses règles strictes.*

### CLASSIFICATION DES PROFESSIONS.

Les professions sont divisées en trois classes (art. II, sect. I).

1° Les *professions libres*, ce sont le commerce, le travail en fabrique, le travail à domicile et en général toutes les industries qui ne rentrent pas dans les deux catégories suivantes.

2° Les *professions considérées comme des métiers* sont toutes celles qui exigent des aptitudes techniques acquises soit par apprentissage, soit par un exercice prolongé du métier; le ministre est chargé de spécifier les métiers rentrant dans cette catégorie.

3° Les *professions concessionnées* sont celles qui, en raison de leur utilité ou par motif d'ordre public, sont astreintes à autorisation et à surveillance.

### CONDITIONS D'EXERCICE D'UNE PROFESSION.

Pour exercer une « industrie libre », il suffit de faire une déclaration à l'autorité administrative.

Pour exercer une « industrie de métiers », il faut (art. 14) faire preuve » de son aptitude » ; pour cela il faut apporter un certificat d'apprentissage et de travail à titre de compagnon pendant plusieurs années ; ou encore il faut apporter des « certificats d'études techniques dans une école industrielle ». Pour chaque métier, l'administration définit le temps d'apprentissage, le temps de compagnonnage, la nature des études techniques à considérer comme équivalant à l'apprentissage.

Pour exercer une « industrie concessionnée » (art. 15 à 25), il faut qu'il y ait enquête locale pour la construction ou l'aménagement de l'atelier, et qu'en même temps l'intéressé justifie de ses connaissances techniques, de ses moyens financiers, de son honorabilité, etc., suivant qu'il s'agira d'une usine, ou d'une imprimerie, ou d'une auberge, etc.

### RÉORGANISATION DES CORPORATIONS.

Dans une même commune ou dans des communes limitrophes, chaque corps de métiers, c'est là l'un des points fondamentaux de la nouvelle loi (section VII, art. 106 à 127), doit former une corporation (art. 106). Les anciennes corporations, qui ont survécu au coup qui leur a été porté par la loi de 1859, reprennent leur ancienne vie légale. Partout où les corporations sont mortes, il faut les réorganiser en groupant tous les maîtres et compagnons d'une même ou de diverses industries plus ou moins similaires (1).

On a voulu revenir au passé ; mais on s'est bien vite aperçu que le passé est bien *le passé*. Jadis la division du travail existait à peine, les ouvriers étaient beaucoup moins spécialisés, moins parqués dans leur spécialité, et, d'autre part, les industries étaient moins disséminées, moins dispersées sur toute la surface du pays. Il suffisait d'un petit nombre de corporations pour grouper des ouvriers et patrons ayant réellement entre eux des intérêts communs ; maintenant avec la division indéfinie du travail et la dispersion des industries, il n'a été possible, après avoir reformé un certain nombre de grandes corporations, d'agglomérer toutes les petites industries spéciales qu'en accolant les uns aux autres des corps de métiers bien différents les uns des autres. A côté des corporations qui ont des éléments de vie, et qui se sont reformées très naturellement, les gouvernements provinciaux ont dû finir par créer dans chaque région quelques corporations formées de tous les résidus les plus disparates, et qui n'ont qu'une vie tout à fait précaire.

Ces corporations doivent rédiger leurs statuts suivant un type officiellement publié. L'article 114 de la loi définit nettement le but des corporations qui est de « développer l'esprit de corps, de maintenir et de » fortifier l'honneur professionnel entre les membres et adhérents, de » pourvoir aux intérêts professionnels communs des uns et des autres » par la fondation de caisses de secours, de dépôts de matières pre- » mières, par l'introduction de l'emploi de machines en commun et » d'autres méthodes de production. »

Dans ce but, les corporations doivent :

1° Organiser et surveiller l'apprentissage ;

2° S'occuper du placement des apprentis et compagnons, par la constitution de tout un réseau d'informations entre tous les membres des corporations identiques de l'Empire ;

3° Créer une juridiction arbitrale (art. 122, 123, 124) entre patrons et

(1) Au 1er janvier 1886, d'après le rapport du ministre du Commerce, il existait 3,810 corporations créées ou réorganisées en vertu de cette loi.

ouvriers pour toutes les questions de salaires, de travail, d'apprentissage, etc.;

4° Fonder, entretenir et surveiller les établissements d'enseignement technique et professionnel;

5° Créer et diriger des caisses de secours, dont la participation sera obligatoire pour tous les membres et adhérents de la corporation, et qui devront soutenir non seulement les compagnons malades, mais aussi les apprentis ;

6° Fournir au Gouvernement et aux Chambres de commerce tous les renseignements voulus sur toutes les questions intéressant les industries reliées ensemble par la corporation.

Ainsi les corporations doivent jouer un triple rôle d'*assistance*, de *conciliation* et d'*information*.

Elles sont obligatoires pour toutes les « industries de métiers », mais le « personnel des fabriques » est absolument exempté (art. 107) de l'obligation d'en faire partie.

### ORGANISATION DE L'ASSURANCE OBLIGATOIRE POUR LES OUVRIERS DES CORPS DE MÉTIERS

Par conséquent, et c'est là un point très important, la loi sur l'industrie crée l'assurance obligatoire pour les industries de métiers, mais laisse complètement en dehors la grande masse des ouvriers et employés de fabrique. L'assurance est constituée par la loi du 15 mars 1883, pour la petite industrie (1); mais cette loi ne touche pas à la grande industrie. Au cours même de la délibération de la loi, cette lacune fut signalée, et le Gouvernement s'engagea à présenter des projets de loi rendant l'assurance obligatoire pour toutes celles des industries que n'atteignait pas la loi sur l'industrie. Il est essentiel de bien faire remarquer qu'en Autriche, la question des assurances obligatoires a été résolue partiellement, d'abord, sous une forme détournée, et seulement pour la petite et moyenne industrie; et, comme nous le verrons plus loin, l'extension à la grande industrie n'est pas encore définitivement votée. Avant de quitter cette loi qui organisa par-

(1) Le rapport du ministre du Commerce du 1er janvier 1886 constate que les corporations ont montré une très grande indifférence quant à la création des Caisses de secours. A cette date, il existait 3,810 corporations et seulement 188 Caisses de secours.

tiellement, dès 1883, l'assurance obligatoire, passons rapidement en revue l'organisation intérieure et le fonctionnement de ces corporations.

### ADMINISTRATION DES CORPORATIONS

Les affaires de la corporation sont gérées, en vertu de l'article **117** :

1° Par l'assemblée générale de la corporation;

2° Par le bureau de la corporation;

3° Par les membres du comité de la caisse de secours (art. **121**);

4° Par la commission arbitrale.

En réalité, dans toute corporation, il y a deux assemblées générales, et presque deux organisations parallèles, celle des patrons et celle des ouvriers.

1° *Assemblée et conseil des ouvriers.* — Les compagnons-ouvriers se réunissent (art. 120) en assemblée générale, nomment des commissions pour étudier toutes les questions qui les intéressent, ont leur président élu par eux, et délèguent des compagnons qui sont admis avec voix délibérative à l'assemblée des patrons (art. 119).

2° *Assemblée générale des membres de la corporation.* — L'assemblée générale de la corporation se compose de tous les membres de la corporation; elle se réunit au moins une fois par an, et élit le bureau dont tous les membres doivent être choisis parmi les maîtres (art. 119).

3° *Offices de renseignements.* — La corporation doit créer des *offices de renseignements* (art. 116) qui centralisent les offres et demandes de travail et qui surveillent les apprentis et les suivent d'un œil attentif.

4° *Caisse de secours.* — Elle doit former une *caisse de secours pour ses membres* (art. 121), ou se rattacher à une caisse déjà existante et présentant des garanties suffisantes.

Pour parer à toutes les dépenses de la corporation, à l'exception de celles de la caisse de secours, les patrons seuls sont astreints au paiement d'une cotisation obligatoire (art. 115).

Pour couvrir les frais de la caisse de secours, les patrons et tous les ouvriers, à l'exception des apprentis, doivent apporter leur part contributive (art. 121).

La partie fournie par les patrons ne peut dépasser d'une moitié celle de l'ouvrier (3 contre 2).

De plus, les cotisations des ouvriers ne peuvent dépasser 3 0/0 des salaires.

En cas de maladie, il doit être accordé aux hommes une indemnité journalière atteignant au moins la moitié du salaire, et aux femmes, le tiers du salaire.

L'indemnité doit être assurée au moins pour 13 semaines.

Les patrons doivent retenir régulièrement la part incombant à chaque ouvrier, et pour permettre à l'administration de la corporation de contrôler en tous temps la participation de chacun, les patrons doivent l'aviser de tous les mouvements qui se produisent dans leur personnel (entrée et sortie d'ouvriers).

La caisse de secours doit former une organisation autonome et indépendante de tous les autres établissements de la corporation.

La gestion en est opérée par un comité composé pour 1/3 de patrons et pour 2/3 d'ouvriers (art. 121 [c]).

La caisse doit avoir des statuts conforsem à un type officiellement adopté (art. 121 [b]).

A l'assemblée générale de la caisse de secours, les ouvriers ont les 2/3 des voix et les patrons 1/3 (art. 121 [b]).

5° *Commission arbitrale.* — Pour l'examen et le règlement de toutes les contestations s'élevant, soit entre patrons et ouvriers, soit entre ouvriers et touchant aux questions d'apprentissage, de travail, d'assurances, etc., est créée une *commission arbitrale* (art. 122) composée mi-partie d'ouvriers élus par leurs pairs, mi-partie de patrons.

La compétence de cette commission est subordonnée à cette condition que les deux parties se soumettent d'avance et par écrit à ses décisions.

Le président est élu par la commission arbitrale et choisi parmi ses membres, soit parmi les patrons, soit parmi les ouvriers. Les sentences sont exécutoires par voie administrative. Le droit de recours est ouvert pendant huit jours devant le juge compétent.

Toute cette organisation corporative est sous la surveillance de l'administration qui se réserve un droit de contrôle étendu (art. 127), mais qui laisse une large part à l'initiative individuelle dans les limites du cadre tracé par la loi et les statuts rédigés conformément à un type publié par l'administration (art. 126).

### Observations générales sur la loi

Cette loi (1), avec ses multiples prescriptions, avec sa division stricte des membres des corporations en maîtres, compagnons et apprentis; avec les servitudes qu'elle impose à l'apprenti d'abord, puis à l'ouvrier quand il est parvenu à se faire admettre compagnon ; avec les conditions qu'elle trace aux patrons pour le choix de leurs ouvriers, cette loi paraît étrange à un Français imbu d'idées de liberté individuelle et d'indépendance complète.

Elle part d'un principe tout différent, elle repose sur l'idée que l'Union fait la force; mais qui dit union, dit abandon plus ou moins complet de l'indépendance individuelle au profit de la communauté qui est ici la corporation technique.

Reposant à la fois sur le groupement des industries similaires et sur le morcellement par province, les corporations autrichiennes n'ont parfois pu avoir une importance suffisante au point de vue de l'assurance mutuelle qu'en rapprochant des industries qui, en fait, n'ont rien de similaire. Sous ce rapport, la réalité ne répond guère au principe.

Tandis que l'Allemagne a constitué un petit nombre de puissantes corporations, en Autriche le fractionnement a été presque indéfini; les causes de ce morcellement sont exclusivement attribuables à la multiplicité des races coexistantes en Autriche et à leurs tendances fédéralistes de plus en plus accentuées.

### Résultats de l'application de la loi.

Cette loi est votée depuis le 15 mars 1883; sa mise à exécution a été très lente; l'Autriche n'a pas une centralisation comparable à celle de l'Allemagne, et l'administration, loin d'exercer une puissante action, doit sans cesse tenir compte des tendances fédéralistes de chaque province.

Aussi, bien des difficultés n'ont-elles encore reçu que des solutions provisoires.

Dans les provinces catholiques, telles que le Tyrol, le Vorarlberg, la

(1) La traduction complète de cette loi a été donnée par la Société de Législation comparée dans son Annuaire de législation étrangère de 1884 (13e année, page 932 et suivantes).

Moravie, la Haute-Autriche où l'ancienne organisation corporative avait survécu à la loi de 1859 qui lui retirait les sanctions légales, la reconstitution des corporations s'est faite facilement; mais il n'en pas été de même dans les grands centres ouvriers allemands travaillés par les idées socialistes.

Les compagnons ont voulu s'emparer du droit d'association que leur accordait l'article 120 de la loi, pour s'organiser et tenir tête aux patrons. Les compagnons menuisiers, par exemple, à Vienne ont voulu discuter les questions de salaire, de durée de temps du travail, d'apprentissage et de placement. Les patrons ont protesté, ont invoqué l'appui de l'autorité et ont obtenu d'elle une interdiction absolue aux ouvriers de sortir des limites strictement tracées par la loi. Il s'est produit en Autriche ce qu'on craignait en Allemagne; une fois organisés légalement, avec droit de se réunir en assemblée générale, les ouvriers n'ont pas voulu se contenter de nommer les quelques délégués désignés par la loi.

Ils ont voulu pouvoir discuter les conditions dans lesquelles ils travailleraient et seraient payés ; et l'exemple donné par les compagnons menuisiers a été suivi par une série de corps de métiers. De sorte que, deux ans après le vote de la loi, presque aucune corporation n'était complètement organisée à Vienne.

Si le libéralisme boiteux de cette loi a sous certains rapports de fâcheux résultats, il serait injuste de ne pas reconnaître que d'autres parties de la loi ont déjà porté leurs fruits. Ainsi le sort des apprentis a été amélioré, de nombreuses écoles techniques ont été créées ou subventionnées par les corporations, et il est certain que cette association d'efforts de patrons intelligents a produit un heureux développement de l'instruction moyenne technique des compagnons.

Ce côté spécial de la loi du 15 mars 1883 mérite d'attirer la plus sérieuse attention en France.

Très routinière jusqu'en 1859, presque complètement négligée de 1859 à 1883, l'instruction technique a pris un remarquable essor depuis cette époque en Autriche. Il est prématuré d'en apprécier les résultats. Mais avant peu d'années on peut être certain que cette instruction, largement répandue par toutes ces écoles professionnelles spéciales à chaque corporation, produira son effet.

Notons, en finissant, que la plupart de ces écoles ne reçoivent aucune subvention de l'Etat, et qu'elles sont soutenues exclusivement par les cotisations prélevées sur chaque membre des corporations, ou par de généreuses fondations.

## CHAPITRE III

### Loi créant un corps d'Inspecteurs industriels

(Loi du 17 juin 1883.)

La loi, dont nous venons de passer en revue les principaux articles, posait des règles très précises sur un grand nombre de points ; il eût été imprudent de laisser à ces corporations locales seules la charge et la responsabilité de l'exécution de toutes ses prescriptions. Aussi le gouvernement fit-il, dans la même session, adopter par le Parlement une loi créant un corps d'inspecteurs chargés de surveiller toutes les industries au point de vue des mesures à prendre contre les accidents.

Ici encore, l'Autriche marchait sur les traces de l'Allemagne qui avait emprunté à la Société Industrielle de Mulhouse le principe et même les principales règles du fonctionnement de cette inspection.

Ces Inspecteurs, nommés par le Ministre du commerce d'accord avec le Ministre de l'industrie, sont chargés de veiller à l'application des lois concernant :

1° Les mesures imposées aux patrons pour la protection de la vie et de la santé des ouvriers;

2° La durée quotidienne du travail et les repos périodiques ;

3° L'exécution des règlements relatifs aux salaires ;

4° L'apprentissage des jeunes ouvriers.

Ils ont droit d'entrer à toute heure dans les ateliers, pendant qu'ils travaillent et de les visiter dans toutes leurs parties en compagnie des patrons.

Ils doivent adresser chaque année au ministre une statistique des accidents, indiquant leurs causes et les mesures à prendre pour les éviter.

Chargés de visiter, sans distinction de nature d'industrie, tous les ateliers d'une même province, ces inspecteurs manquent forcément de compétence technique et leur rôle ne peut donc être que très effacé ou inutilement tracassier.

La question de l'inspection technique au point de vue de la sécurité une fois posée, les industriels devraient, comme l'ont fait déjà les propriétaires d'appareils à vapeur, s'associer, former des groupes d'industries réellement similaires et charger d'un service d'inspection un ingénieur connaissant à la fois, et les détails de cette industrie et ses exigences. Une inspection ainsi librement organisée, par corps de métiers, serait à la fois moins tracassière et plus profitable qu'une inspection officielle (1).

## CHAPITRE IV

## Assurance obligatoire des ouvriers contre les accidents

(Loi votée par la Chambre des Seigneurs le 17 février 1887 et actuellement soumise à une nouvelle discussion à la Chambre des Députés.)

### LA RESPONSABILITÉ CIVILE ET SES RÉSULTATS

En Autriche, en vertu des articles 1315, 1010, 1161 du Code civil, le patron n'est responsable que si une faute a été constatée contre lui personnellement. Il ne l'est pas des fautes commises par ses ouvriers ou employés, à moins qu'il ne puisse être prouvé qu'il y a eu faute dans le choix ou dans le maintien de ces agents.

Depuis de longues années cette législation paraît insuffisante; deux voies s'offraient au Gouvernement :

---

(1) Tandis qu'une association de ce genre fonctionne depuis 1867 et donne d'excellents résultats à Mulhouse et dans toute l'Alsace, il n'existe à notre connaissance en France que deux associations de ce genre qui en sont encore à leurs débuts, l'une à Paris, l'autre à Rouen. Fondée en 1884, sous les auspices du *Génie Civil*, *l'Association Parisienne des Industriels* pour préserver des accidents de travail les ouvriers de toutes spécialités en est encore à la période d'organisation. Elle compte cependant déjà environ 600 adhérents. L'exemple donné dans ces deux villes devrait être suivi dans chaque région industrielle ; il est essentiel en effet que les industriels montrent qu'ils peuvent et veulent appliquer d'eux-mêmes toutes les mesures reconnues nécessaires pour diminuer le plus possible les risques d'accidents dans leurs ateliers et dans leurs chantiers.

1° Étendre les limites de la responsabilité civile ;

2° Imposer l'obligation des assurances.

Le Gouvernement allemand s'était engagé dans la première voie par la loi du 7 juin 1871, et avait proclamé le principe de la responsabilité du patron, quant aux fautes de ses agents. Sans cesse exposés à des réclamations de leurs ouvriers, les patrons avaient rapidement, en Allemagne, pris l'habitude de traiter avec les Sociétés d'assurances et s'étaient déchargés sur elles du règlement de toutes les réclamations.

Mis en face de Compagnies d'assurances, dont la seule tactique est de payer le moins possible, les ouvriers furent obligés de plaider sans cesse. Grâce à l'appui du Gouvernement, qui accordait en toutes circonstances l'assistance judiciaire, les procès se multiplièrent à un point tel que, malgré la bienveillance des tribunaux, 88 % des plaignants furent renvoyés sans indemnités.

Et pourtant les charges imposées aux Compagnies d'assurances dépassaient les prévisions.

Aussi une proposition de loi déposée en 1877 par le Gouvernement autrichien, et ayant pour but d'étendre les garanties offertes aux ouvriers en établissant la présomption de culpabilité du patron, fut-elle rejetée par les Chambres comme ne devant conduire qu'à une aggravation des rapports des patrons et des ouvriers.

Le moyen à essayer pour soulager les ouvriers doit avant tout éviter de mettre en opposition les intérêts des patrons et des ouvriers, mais doit au contraire faire coïncider les efforts des uns et des autres vers le même but. Il faut éviter de soulever la question irritante de la responsabilité si difficile à définir et à délimiter. Les causes d'un accident sont la plupart du temps si multiples, que presque toujours il est possible d'invoquer une certaine part de maladresse, d'étourderie de la part des ouvriers, d'imprévoyance de la part du patron. Sauf dans le cas où l'accident est causé volontairement par la victime, les discussions sont possibles ; les procès sont inévitables.

## HISTORIQUE DE LA LOI D'ASSURANCE OBLIGATOIRE CONTRE LES ACCIDENTS.

Le Gouvernement autrichien abandonna donc son projet d'extension de la responsabilité civile et présenta dans le courant de 1883 un projet de loi ayant pour but d'établir l'assurance obligatoire contre les accidents.

Le projet de loi fut voté en première lecture le 7 décembre 1883 par la Chambre des députés et renvoyé à la Commission de l'industrie.

Cette Commission étudia longuement la question, et ne déposa son rapport que le 24 février 1885, trop tard pour que le projet pût être discuté avant la fin de la législature.

Après les élections, à la session suivante, le Gouvernement présenta un nouveau projet de loi adoptant la plupart des modifications proposées par la Commission de la Chambre. Il déposa en même temps un projet de loi rendant obligatoire l'assurance contre la maladie.

Sur le nouveau projet de loi d'assurances contre les accidents, la Commission de l'industrie remit son rapport le 29 mars 1886.

Le projet a été voté à l'unanimité en troisième lecture par la Chambre des députés, le 5 juin 1886 ; il a été voté après quelques légères modifications par la Chambre des Seigneurs, il y a moins de quinze jours, le 17 février 1887. Il est revenu à la Chambre des députés où il semble devoir être adopté sans nouvelles modifications. La promulgation par l'Empereur aura donc lieu, selon toutes probabilités, avant peu de semaines. La loi sera, en vertu de son article 63, exécutoire trois mois après sa promulgation (1).

### PRINCIPES DE LA LOI.

Les principes fondamentaux de la loi sont :

1° Exclusion des établissements privés d'assurances et de la participation de l'État sous une forme quelconque ;

2° Création d'établissements d'assurance obligatoire basés sur le principe de la mutualité et sur la subdivision territoriale du pays ;

3° Adoption, pour ces établissements, des principes rigoureux de la science des assurances ; c'est-à-dire formation immédiate du capital de garantie pour les assurances conclues, et paiement d'annuités suivant les tarifs fixes ;

4° Participation simultanée des patrons et des ouvriers aussi bien dans les charges que dans la gestion.

---

(1) Voir page 55 la traduction du texte de loi votée par la Chambre des Seigneurs le 17 février 1887.

5° Origine du secours partant de la cinquième semaine;

6° Limitation de l'obligation de l'assurance aux ouvriers qui sont exposés aux dangers résultant de l'emploi des machines dans l'industrie et la grande exploitation agricole.

### EXCLUSION DE TOUTE PARTICIPATION DE L'ÉTAT.

Quant aux détails, le projet autrichien se rapproche beaucoup de la loi allemande; mais, sur plusieurs points essentiels, il y a une différence radicale.

« L'industrie et la grande exploitation agricole doivent seules, dit le » rapporteur, supporter les charges, mais seules aussi profiter des avan» tages qui résultent de l'assurance contre les accidents. » Par conséquent toute subvention directe par l'Etat, toute garantie éventuelle sont écartées. L'ouvrier et le patron participent seuls aux charges actuelles ou futures; et, de plus, c'est là un autre point très essentiel, les charges sont réparties annuellement de telle sorte que chacun supporte réellement sa part et ne s'en décharge pas sur l'avenir, comme dans la loi allemande.

### CORPORATIONS TECHNIQUES OU ÉTABLISSEMENTS TERRITORIAUX D'ASSURANCE (Art. 9.)

Le principe de la mutualité fut admis sans contestation. Mais un débat des plus vifs s'éleva de suite dans la Chambre autrichienne sur le choix entre la formation de grandes corporations techniques et la création de corporations territoriales englobant toutes les industries, mais ne s'étendant pas au delà de limites politiques très restreintes.

Les libéraux appuyaient le système allemand des grandes corporations embrassant toute l'Autriche et groupant toutes les industries similaires. Ces groupes, créés en vue des assurances, auraient été appelés à étudier peu à peu toutes les questions d'intérêt général; le but final était une organisation corporative puissante et nationale, à la place de toutes les petites corporations créées en vertu de la loi de 1883, dont nous avons parlé plus haut.

Mais conservateurs et slaves s'unirent pour combattre ce système qui eût remis la direction de toutes les corporations entre les mains des Allemands. Ils firent valoir hautement les difficultés rencontrées par le

Chancelier dans l'organisation des grandes corporations ; mais là n'était pas le motif réel qui guidait les deux grands partis.

C'est l'antagonisme de race qui, en réalité, fit rejeter le système allemand. C'est l'esprit particulariste qui conduisit à la constitution des corporations territoriales groupant les industries les plus dissemblables; c'est au nom de l'égalité des droits de toutes les nationalités en Autriche que fut adopté ce régime. Il faut bien reconnaître qu'avec la multiplicité des langues, les difficultés du fonctionnement d'une corporation unique eussent été bien considérables en Autriche. Mais, nous le répétons, ce sont ces questions de race qui ont prédominé quand il s'est agi de choisir le type de subdivisions corporatives.

Pour éviter un trop grand morcellement, le Gouvernement aurait voulu prendre pour base de la division territoriale le ressort des Chambres de commerce, mais les tendances fédéralistes firent adopter un morcellement plus grand encore et prendre comme base la province. Pour les pays trop petits qui ne pourraient constituer que des corporations manquant des conditions essentielles de vitalité, le Gouvernement s'est réservé cependant le droit de grouper plusieurs pays limitrophes. A titre de conciliation, et pour donner satisfaction à quelques grandes industries, le Gouvernement fit adopter un article en vertu duquel les grandes industries pourraient, sur leur demande, constituer des corporations d'assurances s'étendant sur tout ou sur une partie importante du pays. (Art. 57 à 60.)

### LOI SPÉCIALE POUR LES MINES (art. 1, 5e alinéa).

La loi des Mines du 23 mai 1854 (1), dans ses articles 210 à 214 inclus, a déjà rendu obligatoire depuis plus de trente ans la création d'associations mutuelles de secours, en faveur des ouvriers, de leurs veuves et de leurs orphelins.

Tout propriétaire de mines est obligé de créer une caisse de secours spéciale ou de s'affilier à une caisse déjà existante.

Tout surveillant et tout ouvrier travaillant dans les mines est tenu

(1). La traduction de la loi autrichienne des Mines a été publiée dans les *Annales des Mines*, 6e série, tome VIII. Partie administrative, pages 239 et suivantes, par M. Ichon, ingénieur des mines.

de faire partie de la caisse de secours mutuels et d'y verser sa quote part.

Les propriétaires, assistés d'un comité de délégués élus par les ouvriers, doivent rédiger pour chaque caisse de secours des statuts qu'ils soumettent à l'approbation de l'autorité minière. La loi spécifie les points principaux que doivent régler ces statuts.

Ainsi, au moment où, par une loi nouvelle, le Gouvernement autrichien généralisait l'obligation de l'assurance, il devait réorganiser les caisses des ouvriers mineurs ; en effet, il est à remarquer que l'ancienne loi autrichienne ne rend obligatoire aucune participation des patrons aux charges de la caisse.

Le projet primitif comprenait les mines dans la nomenclature générale des industries, et contenait une section spéciale traitant de la réorganisation des Caisses des mines. La Commission estima qu'il était plus convenable de ne pas modifier ainsi, par voie détournée, une partie de la loi des Mines. En principe, il a été décidé que la loi nouvelle serait purement et simplement appliquée à toutes les industries minières ; mais, qu'en fait, une loi spéciale réglerait cette question et poserait les conditions transitoires en substituant dans le Code minier de nouveaux articles à la place des articles 210 et suivants.

Ce n'est donc pas pour assurer aux mineurs un traitement spécial que la loi nouvelle ne les vise pas ; c'est par suite d'un sentiment de respect pour l'unité du Code minier promulgué en 1853.

### CONSTITUTION OBLIGATOIRE DU CAPITAL D'ASSURANCES (art. 16.)

Un point sur lequel la Commission de la Chambre s'est trouvée, dès l'origine, complètement d'accord avec le Gouvernement, c'est celui de la gestion financière des établissements d'assurances.

Le système allemand, qui consiste à ne supporter chaque année que les dépenses annuelles, a été rejeté comme contraire au principe même de l'assurance, et comme reportant sur l'avenir les charges du présent avec une coupable imprévoyance. (1)

Au contraire, le système des Compagnies d'assurances qui consiste à constituer année par année le capital nécessaire au service ultérieur des pensions a été adopté.

Il a de plus été rendu obligatoire la formation d'un double fonds de

(1) Voir à ce sujet notre travail sur les lois d'assistance ouvrière en Allemagne, pages 61 et suivantes.

réserve qui doit parer aux variations accidentelles de charges d'une année à l'autre, tenant à une fréquence inusitée du nombre des accidents pendant le cours d'une année.

Ce fonds de réserve, dans son ensemble, ne pourra dépasser 10 0/0 du capital nécessaire à garantir les charges de l'établissement d'assurances. Ce fonds doit être divisé en deux parties: les deux tiers restent à la disposition du Comité de l'établissement pour parer aux besoins spéciaux accidentels de cet établissement; le troisième tiers est versé entre les mains du ministre de l'Intérieur, et sert à constituer un fonds de réserve commun à tous les établissements de la monarchie, fonds destiné à parer à des circonstances tout à fait spéciales qui auraient épuisé le fonds particulier d'un établissement.

Ainsi, tandis que le système allemand décharge le présent aux dépens de l'avenir et ne répartit chaque année que les charges immédiatement exigibles, le système autrichien, au contraire, vise à une répartition aussi uniforme que possible des charges, dès la première année et pour tout l'avenir.

Le prince de Bismark, poursuivant l'application de ses idées protectionnistes, a voulu à la fois soulager la classe ouvrière, en la faisant jouir, dès maintenant, des bienfaits de l'assurance, et encourager les industriels du temps présent, en ne leur imposant qu'une charge infiniment plus faible que celle résultant des anciennes assurances privées jointes aux conséquences de la responsabilité civile.

L'œuvre autrichienne a un caractère de stabilité que ne possède pas l'œuvre allemande, à laquelle on doit reconnaître tous les caractères d'un expédient: c'est une œuvre de combat et de politique comme toutes celles du Chancelier.

La discussion générale ayant posé, comme nous venons de le voir, les principes fondamentaux de la loi, qui sont l'organisation provinciale des associations de secours, l'exclusion de l'assistance de l'État et de l'intervention des sociétés privées d'assurances, et enfin la constitution immédiate du fonds d'assurance pour chaque rente accordée, les détails de la loi furent rapidement discutés et votés par la Chambre qui, dans toutes ses parties, était très favorable à la loi.

ÉTENDUE DE L'ASSURANCE.

L'article 1er de la loi étend l'assurance à tous les ouvriers et employés qui travaillent dans les fabriques, les usines, les carrières, les chantiers de construction et les mines qui ne sont pas sous le régime minier. Il l'applique également à tous les ouvriers qui participent de près ou de loin à l'industrie de la construction, à condition qu'ils en fassent leur métier, mais laisse de côté les ouvriers ruraux qui, accidentellement seulement, aident à une construction de peu d'importance à la campagne. Les industries qui produisent et emploient des matières explosives sont spécialement désignées ; ainsi que les travaux agricoles et forestiers qui emploient d'une façon permanente des moteurs mécaniques, de quelque nature que soit l'origne de la force. Mais l'assurance n'est cependant pas obligatoire pour les ouvriers agricoles qui ne font qu'un usage tout à fait momentané d'une machine motrice ; seuls les ouvriers directement employés à la machine et autour d'elle doivent être assurés.

Toute cette nomenclature est nécessairement vague, et sur les cas douteux qui peuvent se présenter, le ministre de l'Intérieur est appelé à statuer (art. 3) après avoir pris l'avis du Comité consultatif spécialement constitué en vertu de cette loi (art. 49).

Cette loi n'abroge pas celle du 5 mars 1869, qui traite de la responsabilité des Compagnies de chemins de fer et de navigation et les rend responsables de tous les accidents pour lesquels la culpabilité des victimes ou la force majeure ne peut être établie (art. 2).

SECOURS ET PENSIONS.

La loi a pour but de dédommager les victimes ou leurs héritiers des conséquences des accidents (art. 5).

Les secours accordés sont :

I. — *Pour les blessés* (art. 6.) :

1° A partir de la cinquième semaine et jusqu'au moment où le traitement médical prendra fin, une allocation journalière égale à 60 0/0 du gain de travail;

2° En cas d'invalidité complète, une pension montant à 60 0/0 du gain journalier ;

3° En cas d'invalidité partielle, une pension variable suivant le degré d'invalidité, mais ne pouvant dépasser 50 0/0 du gain;

II. — *En cas de décès* (art. 7.):

1° Les frais d'enterrement, fixés à 25 florins au maximum et variables d'ailleurs suivant les conditions locales;

2° Des pensions à la veuve, tant que durera son veuvage, de 20 0/0
A chaque orphelin, jusqu'à l'âge de 15 ans révolus, de. . . 15 0/0
A chaque orphelin de père et de mère, jusqu'au même âge, de. 20 0/0
A chaque enfant illégitime, jusqu'au même âge, de . . . . 10 0/0
Du gain de celui qui a été tué; sans cependant que la totalité des pensions puisse dépasser 50 0/0 du gain journalier; dans le cas où les besoins dépasseraient les 50 0/0, les différentes pensions seraient à réduire proportionnellement.

Les ascendants peuvent aussi obtenir une rente montant à 20 0/0 du salaire de la victime, s'ils sont indigents et s'ils étaient soutenus uniquement par elle.

Si la victime a causé volontairement l'accident, le droit à l'indemnité n'existe pas.

### ABSENCE DE SECOURS MÉDICAUX.

Il y a lieu de noter que la loi relative aux accidents ne prévoit ni secours médicaux ni secours pharmaceutiques. Elle a essentiellement pour but de pensionner les invalides et leurs héritiers; par extension, elle prend en charge les secours pécuniaires à fournir aux blessés à partir de la cinquième semaine. La loi sur l'assurance contre les maladies, actuellement en préparation, doit assurer les soins médicaux et pharmaceutiques aux blessés pendant toute la durée du traitement, et doit de plus secourir pécuniairement les blessés pendant les 4 premières semaines après l'accident.

### CLASSIFICATION DES ATELIERS SUIVANT LES RISQUES. TARIFS DE RISQUES

(Art. 14 à 20.)

Chaque établissement d'assurances doit établir une statistique générale de toutes les industries astreintes à l'assurance obligatoire dans son rayon ; il doit en même temps recueillir tous les renseignenents nécessaires sur les chances d'accidents, pour lui permettre de former une répartition générale des industries dans certaines classes de risques. Dans chaque classe, un même atelier pourra être affecté d'un coefficient de risques plus ou moins élevé suivant les défauts ou la perfection de tout l'outillage. Ce classement est en Autriche, plus encore qu'en Allemagne, l'une des grandes difficultés de la loi ; car les relevés et statistiques relatifs aux accidents n'existent presque pour aucune industrie. Aussi le premier classement sera-t-il très grossièrement opéré. Il sera revisable régulièrement de cinq en cinq ans, et si possible, une première fois avant le délai de cinq ans.

Chaque année un budget provisoire de dépenses sera établi, dans lequel figureront les charges probables provenant de secours et pensions, et celles provenant des frais de gestion. Cette somme, majorée d'une certaine quantité à porter au fonds de réserve et que fixera le ministre, sera répartie entre tous les membres, proportionnellement au coefficient de risques de leur atelier et au chiffre total de salaires payés par eux à leurs ouvriers (art. 16.). Si au moment de la clôture de l'exercice les prévisions ont été dépassées, l'excédent est pris sur le fonds de réserve, et s'il le faut même, sera emprunté au fonds général de réserve. Mais, dès l'année suivante, les prévisions budgétaires devront tenir compte de la somme nécessaire pour reconstituer le fonds de réserve.

### RÉPARTITION DES CHARGES (art. 17.)

Ceux des assurés dont le gain moyen de travail par jour en argent dépasse un florin (2 fr. 50) supporteront 10 0/0 de la cotisation d'assurance fixée conformément au tarif; l'entrepreneur supportera 90 0/0 de la cotisation.

La cotisation d'assurance pour tous les autres assurés sera à la charge exclusive de l'entrepreneur.

Sur cette question de la participation des ouvriers aux charges de l'assurance une lutte assez vive s'éleva entre les deux fractions de la Chambre. Le Gouvernement proposait de mettre 25 0/0 de la cotisation à la charge des ouvriers, et 75 0/0 à la charge des patrons. La gauche proposait, à titre d'amendement, de mettre la totalité de la cotisation à la charge des patrons. La droite s'y opposa, avec raison, croyons-nous, en faisant remarquer avec beaucoup de justesse que les ouvriers ne pouvaient s'intéresser à la gestion d'une caisse que s'ils participaient dans une portion plus ou moins forte à son alimentation. Supprimer la participation des ouvriers aux charges, c'est leur enlever tout prétexte et tout intérêt dans l'administration. Il est bon d'habituer les ouvriers à venir siéger à côté de leurs patrons et débattre librement leurs intérêts. Dans les caisses de maladies constituées par l'initiative privée, on a vu les avantages de cette collaboration ; pourquoi y renoncer quand il s'agit des caisses d'accidents. Le Gouvernement a cédé sur le taux de la participation ouvrière, qui a été ramené de 25 à 10 0/0 par la Chambre des députés, dont la majorité s'est déclarée favorable à une certaine participation de tous les ouvriers aux charges.

La Chambre des Seigneurs, modifiant sur ce point la loi votée par les députés, a exempté de toute participation les ouvriers gagnant moins de 1 florin. C'est là le seul point sur lequel l'accord ne se soit pas encore établi entre les deux Chambres. Il semble cependant que cette modification regrettable, votée par la Chambre-Haute, sera définitivement votée, mais à contre-cœur, par les députés (1).

BUREAU DES ÉTABLISSEMENTS D'ASSURANCES (art. 12).

Avec beaucoup de raison, le Gouvernement a composé le bureau de trois groupes de membres d'origines diverses.

Les patrons élisent, parmi eux, un tiers des membres.

Les ouvriers-compagnons élisent un second tiers.

Et le troisième tiers est formé par les élus du Conseil provincial, choisis parmi les personnalités les plus en vue du pays, mais non directement intéressées.

Dans toutes les questions, souvent irritantes, qui peuvent s'élever entre patrons et ouvriers, ces élus étrangers, le plus souvent âgés et expérimentés, peuvent faire entendre des paroles de prudence et de modération.

Le président et le vice-président sont élus par le comité lui-même et les statuts doivent être rédigés, conformément à un type officiellement présenté (art. 13).

(1) Dans un grand nombre d'industries, en Autriche, l'ouvrier ne gagne pas plus de 70 à 80 kreuzers par jour. Cette modification met donc à la charge exclusive des patrons l'assurance de la plupart des ouvriers des industries textiles, des papeteries, etc.

SURVEILLANCE TECHNIQUE (art. 28).

Les pouvoirs des inspecteurs techniques, établis par la loi du 17 juin 1883 pour prévenir les accidents, ont été généralisés par la nouvelle loi; et leur expérience a été mise au service des établissements d'assurances (art. 28). C'est avec leur collaboration que les bureaux de ces établissements établiront les classifications de dangers; c'est à eux qu'ils feront appel pour assister aux enquêtes relatives aux accidents, et par leurs soins que seront rédigés les règlements pour prévenir les accidents.

Les inspecteurs ont un rôle essentiellement consultatif; c'est au comité de l'établissement d'assurances à agir et à réclamer les mesures de sévérité qui seront appliquées par les soins du tribunal de première instance.

DÉCLARATION DES ACCIDENTS ET ENQUÊTE (art. 29 à 36).

Pour tout accident entraînant une suspension de travail de plus de trois jours, le patron doit adresser une déclaration aux autorités politiques de la localité, au plus tard dans le délai de cinq jours (art. 29). Les autorités politiques doivent faire une enquête dès que la suspension probable de travail dépassera quatre semaines. Cette enquête est effectuée par les autorités politiques, en présence d'un représentant de l'établissement d'assurances et de l'inspecteur technique. Elle porte sur les causes et sur les conséquences de l'accident, sur la personne du blessé, sur sa situation et sur celle de tous ses ayants droit. Le patron doit, de son côté, fournir au bureau de l'établissement d'assurances tous les renseignements qui peuvent être nécessaires pour fixer, en parfaite connaissance de causes, la quotité de la pension.

Le mode de paiement des pensions et rentes n'a pas été fixé par la loi; les statuts auront à régler ce point. Ici encore, il semble que le Parlement a intentionnellement écarté le système allemand, paiement par l'administration postale, comme entaché d'un caractère de centralisation trop accentué.

TRIBUNAL ARBITRAL (art. 38).

Pour examiner toutes les réclamations élevées contre l'établissement d'assurances et qui n'auront pas pu être réglées par le bureau, il sera établi un tribunal arbitral dans chaque ville où siégera un établissement.

Le tribunal sera composé d'un juge-président permanent qui, ainsi que son suppléant, sera nommé par le Gouvernement et choisi par lui dans le personnel judiciaire, et de quatre assesseurs, dont deux sont choisis par le ministre de l'Intérieur parmi les personnes techniques du pays.

Le troisième est élu par les patrons.

Le quatrième par les ouvriers assurés.

Ainsi, à côté des deux éléments intéressés (patrons et ouvriers), et du représentant du Gouvernement, la loi autrichienne appelle deux personnes indépendantes à la fois et du Gouvernement et des parties. Cette composition semble donner, plus encore que celle admise en Allemagne, toutes garanties aux intéressés.

Les intéressés peuvent en appeler des décisions du tribunal arbitral devant le tribunal civil de la région.

### MODIFICATION DANS LA QUOTITÉ DE LA RENTE (art. 39 et 40).

Toute pension est revisable. Établie en raison de circonstances spéciales d'invalidité, elle pourra être augmentée, si les conséquences de l'accident se sont accentuées; elle pourra être réduite ou supprimée si, avec le temps, l'ouvrier a repris l'usage plus complet de ses membres, ou s'il a pu trouver moyen de gagner sa vie comme avant sa blessure, soit dans le même métier, soit dans un autre.

Il y a donc une constante surveillance que le bureau de l'établissement devra sans cesse exercer sur tous les pensionnés; et beaucoup de tact sera nécessaire de la part des membres du bureau, de façon à ce que les intérêts de l'établissement soient sauvegardés, sans cependant décourager les ouvriers qui tendent à se mettre en mesure de gagner de nouveau leur vie par leur travail.

### TRANSFORMATION DE LA PENSION EN UN CAPITAL (art. 41).

L'une des plaintes les plus vives des ouvriers contre l'application de la loi allemande est relative à la forme sous laquelle le secours est donné ; à côté de la rente viagère, la loi allemande n'accorde rien, et quelles que soient les circonstances ne permet pas de rien accorder.

Ce caractère absolu de la loi est une conséquence inévitable du système financier, qui ne demande annuellement aux membres des corporations que le versement des sommes nécessaires aux annuités. Le système autrichien constitue le capital nécessaire pour le service de la rente Aussi est-il possible de ne pas s'en tenir exclusivement au payement des annuités. L'article 41 permet, moyennant certaines garanties, de transformer tout ou partie de la rente en un capital une fois payé. L'ouvrier pourra alors solder ses dettes les plus criardes, pourra s'acheter les outils nécessaires, pourra acquérir un petit fonds de commerce. A condition que l'emploi du capital soit entouré de certaines garanties, la latitude accordée par l'Autriche est excellente, en ce qu'elle encourage l'ouvrier, et le met à même de faire un effort pour s'assurer un gagne-pain. La loi allemande empêche la victime de mourir de faim ; la loi autrichienne la met, dans bien des cas, à même de se créer une nouvelle situation indépendante.

### RESPONSABILITÉ DES PATRONS ET DES TIERS.

Au cas où l'enquête établit la responsabilité personnelle du patron ou d'un tiers, si elle prouve que l'accident est la conséquence d'une faute grossière, la loi (art. 45 à 47) permet à l'établissement d'assurances de se déclarer incompétent. Dans ce cas, la victime doit actionner directement les coupables devant le tribunal civil.

### COMITÉ CONSULTATIF (art. 49).

Au lieu de trouver comme organe central un Office impérial omnipotent, nous ne trouvons dans la loi autrichienne qu'un Comité consultatif, attaché au ministère de l'Intérieur et appelé à donner son avis pour les principales questions relatives à la création et à la gestion des établissements d'assurances.

### OBSERVATIONS GÉNÉRALES.

Telle est, dans son ensemble, la loi dont certains articles ont été vivement combattus par le parti libéral, qui est avant tout, il ne faut pas l'oublier, le parti allemand et centraliste, et soutenus avec non moins d'énergie à la fois par les conservateurs et les Slaves qui sont avant tout fédéralistes et décentralisateurs.

C'est aux tendances du parti qui occupe depuis de longues années le pouvoir en Autriche que la loi emprunte son caractère; c'est une loi de décentralisation; elle remet à chaque province le soin d'organiser et de gérer l'assurance. Elle diffère profondément en cela de la loi allemande qui est dans la main du Chancelier un organe de plus de centralisation et d'unification, malgré les protestations des membres du Reichstag qui ont pu faire introduire certaines réserves dans la loi, mais qui n'ont aucun moyen d'empêcher le Gouvernement impérial de les considérer comme nulles et non avenues

Malgré les différences considérables qui distinguent l'organisation créée par ces deux lois, elles mettront cependant l'une et l'autre entre les mains du Gouvernement de nombreux et précieux renseignements sur l'état de l'industrie.

Par les statistiques que les établissements d'assurances ou les corporations doivent constituer pour faire la classification des industries, les catégories de risques, etc.; par les relevés comptables qu'ils doivent exiger sur les feuilles de payes, pour vérifier la participation de chaque patron dans les recettes et dépenses; par les feuilles individuelles de salaires qu'ils doivent demander, pour établir la quotité des pensions, les corporations ou établissements, et par suite l'État, grâce à son droit de contrôle, sondera tous les secrets économiques des industriels.

Il ne faut pas s'y tromper, indirectement, sous prétexte d'assurance obligatoire l'État pénétrera en inquisiteur dans tous les ateliers, dans tous les corps de métiers mêmes les plus modestes.

## CHAPITRE V

## Assurance obligatoire des ouvriers contre la maladie.

Ce projet de loi déposé par le Gouvernement sur le bureau de la Chambre des députés dans l'automne 1885, a été renvoyé à la Commission de l'industrie et a été l'objet d'une étude approfondie de cette Commission pendant l'hiver 1885-1886.

La Commission, par l'organe de son rapporteur M. Bilinski, a fait connaître son opinion dans un rapport très étendu qui accompagne un projet modifié qui, d'accord avec le Gouvernement, a été substitué au projet primitif.

La Chambre discute actuellement ce projet et a déjà été amenée à y apporter certaines améliorations. Il est donc prématuré de publier le texte du projet qui sera sans doute encore modifié sur plusieurs points de détails, soit par la Chambre des députés, soit par celle des Seigneurs. Mais il peut cependant être intéressant de connaître le projet actuel, dont les points essentiels semblent devoir tous être acceptés intégralement par l'une et par l'autre Chambres.

### HISTORIQUE DE LA QUESTION

Le projet de loi d'assurance des ouvriers contre la maladie forme l'un des anneaux essentiels de cette série de projets inspirés, depuis 1883, par le désir d'améliorer la situation des classes ouvrières et d'atténuer les agitations sociales.

Le manque complet d'initiative personnelle dans la voie des associations de secours est très frappant en Autriche, surtout quand on regarde à ce qui s'est fait sous ce rapport dans d'autres pays, et spécialement en Angleterre où prospèrent de nombreuses associations ouvrières créées en dehors de toute action officielle. C'est cette apathie, cette nonchalance que le Gouvernement invoque pour justifier ses propositions en vue des assurances obligatoires; puisque l'initiative privée n'a rien su entreprendre, même en présence des difficultés actuelles et des exemples des pays voisins, le Gouvernement croit devoir agir, et compléter d'un seul coup par une loi d'ensemble ce qui n'a été qu'ébauché par diverses lois anciennes.

C'est le décret impérial du 18 février 1837 qui, pour la première fois en Autriche, réglementa la question des secours en cas de maladie; par ce décret, les patrons furent astreints à payer pendant quatre semaines à leurs ouvriers malades les soins dans un hôpital.

La loi des Mines du 23 mai 1854, nous l'avons déjà dit plus haut (1),

(1) Voir page 20.

créa des associations de secours mutuels (Bruderladen) entre ouvriers mineurs; et plus tard la loi sur l'Industrie du 20 décembre 1859, dans son art. 85 (devenu l'art. 89 de la loi du 8 mars 1885), astreint les entrepreneurs d'industries importantes ou dangereuses à créer des caisses de maladies. Nous avons étudié plus haut (2) la loi sur l'Industrie du 15 mars 1883 et l'organisation de l'assurance obligatoire qu'elle créa pour les ouvriers de métiers.

Ces ébauches législatives ne purent donner l'impulsion au pays; partout où l'action gouvernementale ne s'exerça pas, sauf de rares et honorables exceptions, rien ne fut fait et c'est pour répondre à un vœu exprimé par la Chambre des Seigneurs à l'occasion du vote de la loi du 8 mars 1885 que le Gouvernement a rédigé le projet de loi que nous allons résumer rapidement.

Le Gouvernement partit de ce point de vue très juste qu'il faut toujours chercher à utiliser ce qui existe, perfectionner et non révolutionner. Il supplée au manque d'initiative par l'introduction de l'obligation, mais cherche à faire vivre et à développer, tout en les perfectionnant, les différentes formes d'associations d'assurances actuellement existantes; c'est ce dont nous allons nous rendre compte par une analyse rapide de la loi.

## I. Principes généraux. — Étendue de l'Assurance.

Le projet de loi autrichien comprend 78 articles; il imite dans ses grandes lignes les formes de la loi allemande, mais s'écarte sur bien des points des conditions auxquelles s'est arrêté le Reichstag.

L'assurance est basée sur la mutualité et sur l'affiliation personnelle de chaque intéressé à une Caisse d'assurances. Le rayon d'action des Caisses est très limité, de façon à permettre un contrôle réciproque actif; et les types des Caisses sont variés, de façon à ne rien supprimer de ce qui existe, mais seulement à perfectionner et développer ce qui a été créé, soit par l'initiative privée, soit en exécution de lois antérieures.

L'obligation de l'assurance est tout d'abord étendue à tous ceux qui sont atteints par l'assurance contre les accidents (art. 1, al. 1er); en effet, il faut avant tout assurer les secours aux blessés pendant les quatre

---

(2) Voir page 7.

premières semaines, pendant lesquelles la loi relative aux accidents n'accorde rien (voir l'art. 6, al. 1, de la loi sur les accidents). Elle est étendue aussi (art. 1, al. 2) à tous les ouvriers et employés des mines et établissements annexes, à tous les ouvriers des établissements dans lesquels existe le travail industriel y compris les apprentis, volontaires, etc., qui ne gagnent rien ou peu.

Le ministre a même le droit d'étendre, par voie de règlement, l'assurance aux ouvriers agricoles et forestiers pour telle ou telle province; mais cette extension ne peut être décrétée qu'après avis conforme du Conseil provincial (art. 3.).

Une minorité importante de la Commission avait voulu, dès maintenant, étendre l'assurance obligatoire à tous les ouvriers agricoles; mais les difficultés sont nombreuses et très variées; le paysan est, à tour de rôle et d'un jour à l'autre, patron ou ouvrier; il change continuellement de travail et de patron; les médecins manquent complètement dans la plupart des campagnes.

La loi sur les accidents vise cependant certains groupes d'ouvriers agricoles; et, pour ceux-là au moins, les secours doivent être assurés pendant les quatre premières semaines. De là la rédaction assez complexe de l'art. 3, qui permet aux conseils provinciaux, soit d'étendre à tous les ouvriers agricoles et forestiers l'assurance, soit par mesure transitoire et pour cinq ans, de suspendre l'effet de la loi sur les accidents en faveur de ceux des patrons qui s'engageraient à faire jouir directement leurs ouvriers du bénéfice complet de la loi, à leurs frais. Quoi qu'il en soit, la Commission du Reichsrath a voulu mettre le Gouvernement en mesure d'appliquer partiellement la loi aux ouvriers agricoles et de préparer ainsi la voie à une extension complète et générale.

Ce débat, si vif dans la Commission, a été repris dans plusieurs séances publiques de la fin du mois de février. Toutes les opinions ont été soutenues longuement; la gauche veut qu'une loi spéciale règle tous les détails de l'assurance des ouvriers agricoles, et refuse de laisser ce soin au Gouvernement; les Polonais repoussent toute assurance des ouvriers agricoles comme devant imposer des charges trop lourdes; tous les éléments fédéralistes ont fini par voter un article qui remet aux Conseils provinciaux (Landtag), le soin de légiférer sur la question.

Cette solution est inconstitutionnelle. La question devra donc être posée à nouveau quand le projet reviendra en nouvelle lecture.

Les employés de l'État, des provinces, des communes et des établissements publics, qui sont à appointements fixes et qui, par suite, continuent à être payés en cas de maladie, sont déchargés de l'obligation de l'assurance (art. 2.).

L'Administration locale peut aussi, mais seulement sur leur demande et avec leur consentement, exempter de l'obligation de l'assurance celles des personnes qui seront soignées pendant vingt semaines au moins dans la famille de leur patron, ou qui, en cas de maladie, continueraient à toucher leur salaire complet au moins pendant ce même temps.

Il est à noter que la loi autrichienne demande à l'ouvrier lui-même de déclarer qu'il consent à renoncer à l'assurance, plus prudente en cela que la loi allemande, qui donne aux patrons le droit de faire rayer ses ouvriers, sans les consulter, des contrôles de l'assurance, en déclarant qu'il leur donnera des secours.

## II. — Organisation de l'Assurance.

### 1° DIFFÉRENTS TYPES DE CAISSES

L'assurance est obtenue au moyen de l'une des six catégories suivantes de Caisses.

1° Caisses de district;

2° Caisses de fabrique;

3° Caisses de travaux;

4° Caisses de corporations;

5° Caisses d'associations minières;

6° Sociétés diverses de secours organisées conformément aux diverses stipulations de la loi sur les Sociétés de secours.

1° La présente loi, imitant la loi sur les accidents (1), n'apporte aux *Caisses de mineurs* que les modifications strictement indispensables, et

(1) Voir page 21.

laisse à une loi spéciale le soin de modifier les articles 210 à 214 de la loi des Mines. Elle ne restreint pas le rôle de ces associations minières qui ont pour but d'accorder des secours et pensions, non seulement aux malades, mais aussi aux invalides, aux veuves et aux orphelins ; elle se contente d'exiger aux statuts les modifications indispensables pour que les mineurs reçoivent au moins les secours minima fixés par la loi actuelle (art. 59). Cet article a son importance, car il y a actuellement en Autriche 354 Caisses de mineurs comprenant en totalité 118,402 membres.

2° Les *Caisses libres* peuvent continuer à exister ou se créer à condition d'assurer à leurs membres au moins le minimum des secours prévus par la loi actuelle (art. 6 à 8) ; elles doivent également se conformer aux conditions imposées par la loi pour les droits d'entrée (art. 13) ; la création d'un fonds de réserve (art. 13 et 28), l'origine des secours (art. 22), et les secours en cas de manque de travail (art. 13).

Au cas où elles n'accorderaient pas de secours médicaux et pharmaceutiques, elles devront augmenter de moitié l'allocation en argent.

3° Les *Caisses de corporations* existent en vertu de la loi du 15 mars 1883 (1) ; leurs statuts n'ont besoin que de faibles modifications pour répondre aux exigences de la loi nouvelle. — Ils doivent assurer à tous les membres de la corporation, au moins le minimum des secours stipulés par les articles 6 à 8 de la loi, et faire payer aux patrons au moins le tiers des cotisations.

Les statuts doivent régler, conformément à la présente loi, les questions de fonds de réserve, de secours en cas de manque de travail, d'origine de secours et de pénalités en cas de simulation, etc. Jusqu'ici les corporations formées en vertu de la loi de 1883 ont montré leur peu d'ardeur à créer des caisses de secours (2). Il n'y a rien de bien étonnant à cela, car il était naturel de ne pas s'engager dans la voie de l'assurance au moment où le Gouvernement préparait et que les Chambres discutaient une loi modifiant la loi de 1883 dans plusieurs de ses articles.

Tels sont les trois types de Caisses existant antérieurement dont la loi autorise le maintien et réglemente la transformation.

---

(1) Voir page 10.

(2) Voir page 10.

Tout ouvrier astreint à l'assurance peut s'affilier à une Caisse libre; mais s'il ne prouve pas (art. 46) qu'il en fait partie, il est obligatoirement rattaché à l'un des types de Caisses que nous allons maintenant passer en revue.

4° *Caisses de fabrique.* — Tout entrepreneur qui, dans un ou plusieurs établissements voisins, occupe plus de cent ouvriers, est astreint à créer une Caisse de fabrique, à moins que l'autorité politique ne juge que la création de cette Caisse n'affaiblisse trop la Caisse locale. Un entrepreneur qui occupe moins de cent ouvriers peut être autorisé à créer une Caisse de secours si les autorités politiques jugent que la Caisse ainsi formée peut se soutenir elle-même d'une façon durable (art. 42). Si l'industrie est particulièrement dangereuse pour la santé, un patron peut être obligé de créer une Caisse de secours, même s'il occupe moins de cent ouvriers (art. 43).

Ces articles de la loi ne s'appliquent pas à ceux des patrons qui font partie de corporations et qui, par suite, doivent assurer leurs ouvriers aux Caisses de corporations citées plus haut (voir 3°).

Les patrons qui ne se conformeraient pas à l'obligation de créer une Caisse de fabrique seront obligés de verser à la Caisse locale une cotisation pouvant monter au double de la cotisation normale pour tout le temps qui s'écoulera jusqu'au moment où ils se seront conformés à la loi (art. 45).

Toute personne astreinte à l'assurance en vertu de l'article 1 de la loi, fait de droit partie de la Caisse de fabrique du jour de son entrée en fonction, et ne peut s'en retirer qu'en faisant la preuve qu'elle est affiliée à une Caisse libre, remplissant les conditions de la loi (art. 46).

Les articles de la loi relatifs aux Caisses de fabrique s'appliquent aussi aux industries gérées par l'État (chemins de fer, manufactures de tabac, etc.), aux industries de transports (chemins de fer particuliers, tramways, bateaux à vapeur, etc.); mais certains détails d'administration intérieure sont plus ou moins modifiés par suite des conditions spéciales.

5° *Caisses de travaux.* — Les autorités politiques peuvent obliger à créer une Caisse spéciale de secours, les personnes qui font exécuter des travaux importants de routes, canaux, chemins de fer, ports, etc., et qui occupent un grand nombre d'ouvriers (art. 54).

L'obligation peut être, avec l'autorisation de l'Administration, transmise du propriétaire à ses divers entrepreneurs (art. 55).

Au cas où un propriétaire ne créerait pas une de ces Caisses en faveur des ouvriers qu'il occupe à des travaux de construction d'un genre quelconque, il serait personnellement responsable et astreint à payer tous les secours et indemnités accordés par la loi (art. 56).

6° *Caisses de district.* — Tout ouvrier désigné par l'article 1 de la loi doit, dans une commune quelconque de l'Empire, trouver une Caisse qui l'assure.

L'organe essentiel d'application de la présente loi est donc la Caisse de district qui doit recueillir tous les ouvriers, sans distinction de corps de métiers, qui n'auront pas été inscrits dans une des Caisses spéciales décrites jusqu'ici.

Nous retrouvons donc l'organisation allemande, avec cette simplification qu'il n'y a pas à distinguer la Caisse locale et l'assurance communale (1).

L'unité en Autriche, c'est la circonscription judiciaire.

Il en existe environ 1,000; il y a donc un millier de Caisses de district; leur importance sera assez grande pour produire une véritable mutualité, sans être cependant trop considérable pour rendre difficile la surveillance; ce dernier point est malheureusement contestable, et il y a lieu de craindre que bien des fraudes existeront dans ces Caisses de district sans qu'il soit facile d'y remédier.

## 2° ORGANISATION ADMINISTRATIVE DES CAISSES

### A. CAISSE DE DISTRICT.

*Fondation.* — Le Gouvernement doit, en règle générale, créer une Caisse dans chaque circonscription judiciaire; mais il peut, s'il le juge convenable, réunir plusieurs circonscriptions pour en former une seule Caisse, ou inversement former plusieurs Caisses dans une même circonscription (art. 12).

*Rédaction des statuts.* — Le Gouvernement prend l'initiative de la création de chaque Caisse et rédige des statuts types, qui servent de base aux statuts de chaque Caisse.

---

(1) Voir les lois d'Assistance ouvrière en Allemagne, pages 17 et 18.

Ces statuts règlent :

1° Les conditions de l'assurance;

2° La quotité de la cotisation;

3° La constitution d'un fonds de réserve;

4° L'élection du conseil et l'étendue de ses pouvoirs;

5° La constitution et les pouvoirs de l'assemblée générale;

6° La constitution et les pouvoirs du tribunal arbitral;

7° La forme des déclarations et constatations de maladies, ainsi que la surveillance des malades;

8° Les modifications aux statuts;

9° L'établissement et la vérification des comptes.

*Réunion constitutive.* — Une réunion constitutive est convoquée par le Gouvernement; elle est formée de tous les membres de la Caisse, s'ils ne sont pas au nombre de plus de trois cents, ou de délégués s'ils sont plus nombreux (art. 17).

Cette réunion discute et vote les statuts, nomme le conseil. Les ouvriers doivent avoir au moins les deux tiers des voix à l'assemblée générale et les deux tiers des membres dans le conseil.

La Caisse ainsi constituée jouit de la personnalité civile (art. 14).

*Membres.* — Cette Caisse a pour membres de droit tous ceux pour lesquels l'article premier de la loi rend l'assurance obligatoire; mais elle peut continuer à compter au nombre de ses membres toute personne qui cesse le travail en vertu duquel elle était assurée, mais qui continue à payer la cotisation d'assurance; elle doit continuer à traiter comme membre et à secourir, pendant au moins six semaines, tout ouvrier sans travail; enfin, elle doit accepter comme membre toute personne âgée de moins de 35 ans, qui demande à se faire inscrire et qui consent à payer un droit d'entrée égal à la cotisation de six semaines (art. 13).

Ainsi toute personne peut s'assurer, à moins qu'elle n'ait plus de 35 ans.

*Tenue de la comptabilité.* — Le Gouvernement règle la forme et les conditions de la tenue des livres (art. 21); il doit recevoir chaque année un extrait de la comptabilité et a droit, en tout temps, de contrôler tous les livres, la correspondance, de vérifier la caisse, etc. (art. 19).

Il a droit de se faire représenter à toutes les assemblées générales et réunions des conseils (art. 20).

*Inscriptions.* — Les patrons sont responsables de l'inscription de leurs ouvriers (art. 31). Ils doivent les faire inscrire au bureau de la Caisse dans le délai de trois jours; en cas de négligence, ils sont non seulement obligés de payer complètement eux-mêmes les secours (art. 32), mais encore condamnés à de sévères pénalités (art. 67).

*Versement et répartition des cotisations.* — Les patrons sont responsables de la totalité de la cotisation et doivent en faire la perception par voie de retenue à chaque paye de leurs ouvriers (art. 33 et 36). Les deux tiers de la cotisation sont payés par l'ouvrier et un tiers reste à la charge personnelle du patron (art. 34).

Dans le cas où un ouvrier n'est payé qu'en nature, le patron supporte seul la totalité de la cotisation.

L'assemblée générale peut, sur la proposition des délégués des patrons, accepter une modification de la proportion qui diminuerait au-dessous de deux tiers la quotité à la charge des ouvriers. Les personnes qui ne sont pas astreintes à l'obligation de l'assurance; celles qui ne le sont plus par suite de modification dans leur position, les employés qui gagnent plus de 1,200 florins par an (3,000 francs) et les volontaires supportent personnellement la totalité de la cotisation et doivent la verser eux-mêmes à la Caisse (art. 34).

Les membres qui auront trompé, soit en simulant une maladie, soit en en prolongeant la durée, pourront être condamnés à payer pendant un temps plus ou moins long une cotisation supplémentaire qu'ils supporteront seuls complètement (art. 35) et qui sera versée au fonds de réserve.

## B. — CAISSE CENTRALE PROVINCIALE

Toutes les Caisses de district, appartenant au territoire d'une corporation établie en vertu de l'article 9 de la loi d'assurances contre les accidents, seront associées entre elles.

L'administration de cette Caisse centrale sera exercée par le comité de la corporation d'accidents, sous le contrôle des autorités provinciales.

Le groupement des Caisses en une association unique a pour but :

1° La création et l'administration d'un fonds de réserve (art. 27);

2° Le placement en commun des fonds de chaque Caisse;

3° Le contrôle de l'administration de chaque Caisse et la création d'un corps d'inspecteurs;

4° Le groupement des renseignements statistiques.

Cette association peut aussi volontairement grouper tout ou partie des Caisses :

1° Pour nommer des employés communs;

2° Pour passer des traités avec les médecins, les pharmaciens et les hôpitaux;

3° Pour créer et gérer des hospices ou des pharmacies.

Chaque année, l'association tiendra une assemblée générale de délégués, dont le nombre pour chaque Caisse est proportionnel au nombre des membres. Ces délégués statuent sur l'importance, l'emploi et la constitution des fonds communs de réserve, sur la répartition entre les différentes Caisses des frais communs, etc.

Le tribunal arbitral de la corporation fonctionne comme tribunal arbitral pour toutes les Caisses unies, quant aux questions qui peuvent surgir entre les diverses Caisses.

La dissolution d'une Caisse de district est opérée par les autorités politiques si le nombre de ses membres tombe en dessous de 100, ou si la situation financière ne peut plus être équilibrée avec la cotisation réglementaire totale de 3 0/0 du salaire.

## C. — Caisse de fabrique.

Nous avons déjà vu plus haut dans quelles conditions pouvaient et devaient être créées les Caisses de fabrique.

Leur administration diffère peu de celle des Caisses de district; les statuts sont rédigés par le patron; c'est lui qui a la responsabilité financière et administrative de la gestion; il a donc le droit de se réserver la présidence du conseil. Mais dans l'assemblée générale et le conseil, il y a toujours cette même proportion de deux ouvriers contre un patron (art. 47).

Les Caisses de fabrique peuvent s'associer entre elles, comme nous l'avons vu pour les Caisses de district: les statuts de ces associations doivent être soumis à l'autorité administrative qui se réserve un pouvoir de surveillance continue (art. 50).

Les caisses de fabrique peuvent aussi se rallier aux associations formées par les caisses de district.

## III. — Organisation financière des caisses.

### A. — Secours et allocations.

*Minimum des secours.* — Nous passerons d'abord en revue les allocations et secours qui sont attribués obligatoirement aussi bien aux membres volontaires qu'à ceux qui sont astreints à l'assurance obligatoire.

Ces secours sont de trois sortes :

*a.* — A partir du commencement de la maladie, les soins médicaux et pharmaceutiques gratuits. Ce secours peut, dans les Caisses de secours libres, être transformé en une augmentation de moitié de l'allocation journalière ; il peut en être de même dans les Caisses de district en faveur des personnes qui ont changé de résidence tout en continuant à se rattacher à leur ancienne Caisse.

*b.* — Pour toute maladie qui dure plus de trois jours, une allocation journalière payable dès le premier jour de la maladie et égale à 60 0/0 du gain journalier moyen établi par les autorités judiciaires du district ; cette allocation est due au moins pendant vingt semaines ; elle est payable par semaine pour la période écoulée.

La Commission s'est écartée complètement, dans la fixation de ces chiffres, des propositions du Gouvernement et des limites admises par l'Allemagne ; en effet, l'allocation ne devait être que de 50 0/0; elle ne devait être allouée que pour treize semaines et n'être payable qu'à partir du quatrième jour.

La Commission en se fondant sur divers tableaux de maladies fournis par de grands établissements d'assurances, a jugé qu'elle augmentait de peu les charges totales en prolongeant la limite des secours de la 13e à la 20e semaine, et qu'elle soulageait ainsi puisamment des familles lourdement éprouvées par une maladie si longue; ainsi la Caisse générale de Vienne n'a eu en 1885, sur 19,309 cas de maladies, que 645 qui aient duré plus d'un an; et la durée moyenne des maladies n'a été que de 17 jours 8 (moyenne relative à 57,061 ouvriers de divers corps de métiers pendant les 3 années 1881, 82 et 83) (1). Pour les mêmes trois

---

(1) Voir page 77 le *Tableau statistique* des cas de maladie d'après l'Allgemeinen Arbeiter-Kranken-und-Invalidenkasse de Vienne.

années, la Société d'assurances mutuelles de la Cie Imp. Roy. privilégiée des chemins de fer de l'État, ne constate qu'une durée moyenne des maladies de 15 jours 3 (moyenne prise sur 111,054 ouvriers) (1).

Mais, dans cette voie de prolongement, il ne fallait pas se laisser entraîner trop loin, aussi la loi fixe-t-elle le maximum d'un an qui ne pourra en aucun cas être dépassé.

Pour simplifier la comptabilité, le projet admet comme base des allocations comme aussi des cotisations, non le gain réel, mais le gain moyen des journaliers ordinaires, chiffre généralement inférieur au gain réel. C'est en vue d'accorder en fait ce que le projet du Gouvernement proposait que la Commission a relevé l'allocation de 50 0/0 du gain réel à 60 0/0 de ce gain journalier moyen.

*c.* — Pour les femmes en couches, la loi donne l'allocation de maladie en tous cas pendant quatre semaines après l'accouchement, et la prolonge au besoin pendant vingt semaines au cas de maladie consécutive.

En cela la loi autrichienne est plus généreuse et prévoyante que la loi allemande, qui n'accorde pas obligatoirement de secours aux femmes en couches sous prétexte qu'il s'agit là, non d'une maladie, mais d'une fonction naturelle.

*d.* — En cas de décès, la loi accorde, à titre de frais de sépulture, une indemnité montant à vingt fois le gain journalier de l'ouvrier ordinaire dans le district.

*e.* — Pour les cas de maladie, à la place des secours définis dans *a* et *b*, la loi accorde (art. 8) le traitement dans un hôpital pendant un minimum de temps de vingt semaines aux frais de la Caisse. Pendant que l'ouvrier est en traitement à l'hôpital les parents qu'il entretenait de son salaire recevront 50 0/0 du salaire de maladie auquel il aurait eu droit s'il était resté à domicile (art. 8).

Toute la comptabilité (cotisations et allocations) des Caisses de secours en cas de maladie repose sur la fixation de la journée moyenne des ouvriers ordinaires soumis à l'assurance. Cette journée est fixée périodiquement, pour chaque circonscription judiciaire, par les soins des autorités politiques de première instance, après avis des hommes de confiance. S'il existe dans les salaires locaux des différences notables, il peut être établi plusieurs catégories de salaires journaliers moyens

(1) Voir page 78 le *Tableau statistique* des cas de maladie relatif à cette Société.

pour les hommes, pour les femmes, pour les jeunes garçons et pour les jeunes filles (art. 7).

*Maximum des secours.* — La loi fixe ensuite des limites maxima aux secours pour celles des Caisses dans lesquelles la participation est obligatoire et au bon fonctionnement desquelles l'État doit veiller (Caisses de district, Caisses de fabrique, Caisses de construction). Mais cette limitation des secours n'a été étendue ni aux Caisses de corporations, ni aux Caisses de mineurs ni aux Caisses libres qui peuvent continuer, à leurs risques et périls, à prolonger les secours en cas de maladie sous forme de secours et pensions aux veuves, orphelins et invalides.

Ces limites maxima sont les suivantes (art. 9) :

1° Les Caisses d'assurances ne pourront en aucun cas pensionner les invalides, les veuves et les orphelins;

2° La journée de maladie ne pourra en aucun cas dépasser 75 0/0 du gain journalier moyen ;

3° La durée des secours ne pourra dépasser un an ;

4° Les frais d'enterrement ne pourront dépasser 50 florins;

5° Les calculs pourront aussi être basés, non sur la journée moyenne, mais sur le gain réel, avec cette restriction que le gain journalier entrant en ligne de compte ne pourra en aucun cas dépasser 2 florins (5 francs). L'excédent est laissé de côté.

## B. — Cotisations et recettes diverses.

Les membres des Caisses d'assurances sont divisés en trois catégories:

Les uns payent au maximum les 2/3 de la cotisation, ce sont tous ceux qui sont astreints à l'assurance obligatoire;

Les autres payent la totalité de la cotisation, ce sont ceux qui se sont librement rattachés à la Caisse;

D'autres, enfin, ne payent rien et sont assurés entièrement aux frais des patrons.

*a.* — L'assurance reste complètement à la charge des patrons pour les ouvriers qui touchent tout leur salaire en nature; pour ceux que leur patron aura négligé d'assurer, et pour ceux que le patron aura pris l'engagement de soigner pendant vingt semaines à ses frais.

*b.* — Par contre, l'assurance est complètement à la charge des intéressés :

1° Pour tous les employés gagnant plus de 1,200 florins;

2° Pour les membres volontaires des Caisses de district;

3° Pour les membres qui veulent continuer à rester assurés même après qu'ils ont abandonné le travail qui rendait l'assurance obligatoire.

*c.* — Pour tous les autres, les patrons participent au moins pour un tiers dans l'assurance.

La cotisation maxima autorisée par la loi pour couvrir tous les frais d'assurances et de gestion et pour alimenter le fonds de réserve, est de 3 0/0 du salaire à la charge des assurés eux-mêmes; elle est donc de 4 1/2 0/0 du salaire, si l'on tient compte du tiers à fournir par les patrons.

Ce taux de cotisation ne peut être augmenté que si, en assemblée générale, les patrons et les ouvriers, votant séparément, ont, les uns et les autres, autorisé cette augmentation à la majorité des trois quarts des votants.

Dans le cas où, au moment de la création, les statuts de la Caisse voudraient prévoir des secours dépassant le minimum légal : dans ce cas la cotisation ouvrière ne peut à l'origine être fixée à plus de 2 0/0; l'augmentation de cotisation devra être votée à une assemblée générale ultérieure et ne sera exécutable que si patrons et ouvriers, votant séparément, l'ont adoptée les uns et les autres à la majorité absolue.

Le Gouvernement a voulu ainsi prémunir les Caisses contre un entraînement généreux du premier moment, qui pouvait créer ultérieurement des difficultés financières inextricables (art. 26).

En tous cas, le Gouvernement se réserve de faire examiner par des experts les projets de statuts et les propositions de modifications de façon à écarter toutes les propositions qui paraîtraient ne pas assurer un équilibre à peu près certain entre les recettes et les dépenses (art. 29) tout en dotant le fonds de réserve dans les limites statutaires.

### C. — Constitution des fonds de réserve.

Chaque année, dans les Caisses de district, de fabrique, et de construction, il doit être porté en réserve au minimum 2/10 de la valeur des cotisations annuelles (article 27).

Sur cette somme, une partie qui sera fixée par les statuts sera versée au compte de la Caisse centrale d'assurances de la province, et constituera le capital de cette Caisse (article 39).

L'excédent sera géré par la Caisse elle-même et constituera pour elle un fonds de réserve qui devra monter au moins à deux fois les dépenses annuelles de la Caisse. Ce capital sera, quant à sa gestion, soumis à toutes les prescriptions relatives aux fonds de tutelle.

A la fin de chaque année, il sera calculé la proportion existante entre le capital de réserve et la somme totale des versements effectués à la Caisse par chaque participant depuis leur admission. On obtient ainsi la part qui revient à chaque participant sur le fonds de réserve; si, dans le courant de l'année suivante, un membre vient à ne plus pouvoir payer ses cotisations, par suite de manque de travail, il continuera cependant à être considéré comme membre et à jouir des privilèges qui en résultent tant que la part qui lui revient dans le fonds de réserve n'aura pas été absorbée pour solder les allocations.

Si un membre d'une Caisse se retire dans le courant d'une année et, avant qu'elle soit écoulée, se rattache à une autre Caisse de district, de fabrique, de construction ou à une Caisse faisant partie des Caisses associées, dans ce cas, la nouvelle Caisse reçoit de l'ancienne la part revenant au membre dans le fonds de réserve.

Ainsi le fonds de réserve reste une sorte de propriété personnelle mais avec affectation obligatoire en vue des assurances.

### D. — Exemples d'application de la loi

Il peut être intéressant de se demander s'il y a concordance entre la quotité des secours et des versements; si les Caisses ainsi alimentées et soumises aux charges définies ci-dessus sont viables et si elles peuvent, comme le prévoit la loi, constituer un fonds de réserve et augmenter les secours au delà des minima prévus.

Pour en juger, nous passerons rapidement en revue quelques cas de maladies en nous basant sur les statistiques autrichiennes elles-mêmes,

L'étude des Caisses de secours anciennement établies en Autriche conduit à affirmer que les dépenses de médecins et médicaments ne dépassent pas actuellement le chiffre très restreint de 2 florins (5 francs) par assuré et par an.

Prenons d'abord dans le tableau n° 2, page 78, l'un des cas les plus défavorables, celui du *machiniste de locomotive*, qui a, par an, un nombre de jours de maladie bien supérieur à la moyenne (16,2, au lieu de 6,4).

Prenons ensuite le cas d'un journalier ordinaire.

Le Calcul s'établit comme suit :

MACHINISTE DE LOCOMOTIVE — CAS LE PLUS DÉFAVORABLE

*Éléments du calcul.*

| | | Florins | Francs |
|---|---|---|---|
| Gain journalier | | 2 | 5 |
| Jours de travail par an | 300 | | |
| Jours de maladie par an | 16 | | |
| Frais de médecin et de médicaments par an. | | 2 | 5 |
| Frais d'enterrement, 20 fois le gain journalier | | 40 | 100 |

*Recette annuelle.*

| | Florins | Francs |
|---|---|---|
| Cotisation totale de 4,5 0/0 de 600 florins | 27 | 67 50 |

*Charges annuelles.*

| | Florins | Francs |
|---|---|---|
| 1° 16 journées de maladie à 60 0/0 $\left(\frac{60 \times 32}{100}\right)$ | 19 20 | 48 |
| 2° Médecin et médicaments | 2 | 5 |
| 3° Quote-part pour frais d'enterrement 3 0/0 de 40 florins | 1 20 | 3 |
| 4° Frais d'administration évalués en moyenne à 15 0/0 des journées de maladie | 2 88 | 7 20 |
| 5° Versement au fonds de réserve 2/10 des recettes annuelles $\left(\frac{2 \times 22}{10}\right)$ | 5 40 | 13 50 |
| TOTAL | 30 68 | 76 70 |
| Il y a un *déficit* de | 3 68 | 9 20 |

Les dépenses sont donc de 5,11 0/0 du gain journalier tandis que les recettes ne peuvent dépasser 4,50 0/0.

TYPE MOYEN PROBABLE POUR UNE CAISSE DE DISTRICT

*Éléments du calcul.*

| | | Florins | Francs |
|---|---|---|---|
| Gain journalier. . . . . . . . . . . . . . . | | 1 | 2 50 |
| Jours de travail par an. . . . . . | 300 | | |
| (d'après les tables de maladies de Heym et les résultats moyens de la plupart des Caisses de maladies.) | 7 | | |

*Recette annuelle.*

| | Florins | Francs |
|---|---|---|
| Cotisation totale de 4,50 0/0 de 300 florins. | 13 50 | 33 75 |

*Charges annuelles.*

| | Florins | Francs |
|---|---|---|
| 1° 7 journées de maladies à 60 kr . . . . . | 4 20 | 10 50 |
| 2° Médecin et médicaments . . . . . . . . . | 2 | 5 |
| 3° Quote-part pour frais d'enterrement, 3 0/0 de 20 florins. . . . . . . . . . . . . . . . | 0 60 | 1 50 |
| 4° Frais d'administration évalués en moyenne à 15 0/0 des journées de maladie . . . . | 0 63 | 1 57 |
| 5° Versement au fonds de réserve 2/10 des recettes annuelles $\left(\frac{2 \times 13\ 50}{10}\right)$. . . . . . . | 2 70 | 6 75 |
| Total . . . | 10 13 | 25 32 |
| Il y a donc *boni* de. . . . . . . . . . . | 3 37 | 8 43 |

Les dépenses, versement au fonds de réserve compris, sont donc de 3,38 0/0 du gain journalier.

Tandis que les recettes sont de 4,50 0/0.

Il semble donc d'après ces exemples et d'après l'examen des tableaux des nombres moyens de journées de maladies que nous donnons plus loin (1) que les recettes suffiront largement aux dépenses et permettront, ainsi que le prévoit la loi, d'allonger la durée des secours et de les étendre

(1) Voir pages 77 et 78.

à la famille; mais on voit aussi qu'une gestion un peu trop large, qui laisserait monter notablement les frais de médecin et médicaments, mettrait rapidement les Caisses en déficit, même avec l'allocation de 4 1/2 0/0.

## III. Conclusions.

Par sa rédaction actuelle, cette loi embrasse donc un nombre d'ouvriers beaucoup plus considérable que la loi allemande de 1883, même complétée par celle de 1885.

Répondant aux vœux exprimés par le Reichsrath dans les délibérations de la loi sur les accidents, le Gouvernement s'est même réservé la possibilité d'appliquer la loi, dans certaines provinces, à tous les ouvriers agricoles et forestiers.

On peut donc dire que, par ce projet de loi, le Gouvernement s'engage à faire tout au moins l'essai sur certaines provinces de l'assistance obligatoire universelle.

Cette loi, comme toutes les lois autrichiennes, porte l'empreinte des tendances fédéralistes; le Gouvernement possède bien un droit général de surveillance, mais la centralisation ne dépasse pas la province; c'est par province que les Caisses se syndiquent et s'associent.

Ce n'est qu'après une constatation de l'impuissance de l'initiative privée que le Gouvernement se décide à présenter ce projet, en quelque sorte contraint et forcé.

L'exemple que donne l'Autriche en s'engageant sur les traces de l'Allemagne dans la voie de l'assurance obligatoire en cas de maladie, ne modifie pas l'opinion que nous exprimions dans un travail précédent.

L'assurance obligatoire est un asservissement de l'ouvrier, qui s'abandonne entre les mains de l'État et renonce à s'occuper lui-même de ses intérêts dans l'avenir.

---

# CHAPITRE VI

## Résumé et Conclusions.

### TENDANCE A LA GÉNÉRALISATION DES ASSURANCES

La tendance qui domine dans le Reichsrath et surtout dans la Chambre des députés ressort nettement des trois résolutions que cette Chambre votait le 6 juin 1886, le jour même où elle adoptait en troisième lecture l'ensemble du projet de loi sur l'assurance contre les accidents.

### Résolutions.

1° Le Gouvernement est invité à étendre la loi d'assurance contre les accidents à tous les ouvriers industriels, agricoles et forestiers qui ne sont pas jusqu'ici admis à en bénéficier.

2° Le Gouvernement est invité à étendre la loi le plus tôt possible à tous les ouvriers et employés des chemins de fer et entreprises de navigation.

3° Le ministre de l'Instruction publique et des Cultes est invité à constituer dans les Hautes Écoles techniques des cours publics traitant de l'hygiène des fabriques et des mesures à prendre contre les accidents, et à faire donner une instruction sur ces questions dans les écoles techniques et professionnelles; et enfin à prendre toutes les mesures nécessaires pour l'instruction des classes ouvrières sur ces questions.

Cette tendance s'est affirmée à nouveau au moment du vote de l'article 3 de la loi sur l'assurance contre la maladie :

ART. 3.

Le ministre est autorisé à soumettre à l'obligation de l'assurance, dans le sens de la présente loi, les ouvriers et employés occupés aux travaux agricoles et forestiers dans certaines provinces à déterminer, d'accord avec les autres ministres compétents.....

Ainsi cette généralisation de l'assurance que nous avons signalée en étudiant les débats du Reichstag allemand, nous la trouvons sous forme de vœux et même d'article de loi en Autriche, article dont l'exécution, il faut bien le dire, reste subordonnée à l'appréciation du Gouvernement.

**Justification de cette tendance par les statistiques.**

Pourquoi s'arrêter dans cette voie de l'extension des assurances? Pourquoi accorder aux uns et refuser aux autres? Le Parlement autrichien était d'autant plus libre de raisonner ainsi qu'il entendait n'imposer de ce fait aucune charge au budget de l'Etat, ni dans le présent, ni dans l'avenir.

La minorité de la Commission de l'industrie, dans le rapport qu'elle opposa à celui de la majorité sur la question de la loi d'assurance contre les accidents, dit avec une certaine vérité : « C'est à tort que le projet » de loi porte en titre « Loi relative à l'assurance des *ouvriers* contre les » accidents; » elle devrait porter en titre « Loi relative à l'assurance des » *Ouvriers de la grande industrie.* »

» Le titre est beaucoup trop général; car, en Autriche, sur environ » sept millions d'ouvriers, un million à peine sont compris dans les » limites tracées par la loi? »

Ainsi cette loi, générale dans son titre, ne s'applique en réalité qu'au septième de la population ouvrière.

Est-ce peut-être parce que la grande masse laissée de côté n'est pas exposée aux dangers? La statistique que le Gouvernement allemand communiqua le 31 janvier 1885 au Reichstag est là pour répondre. Elle établit que « les accidents mortels sont dans les travaux agricoles beau- » coup plus fréquemment suivis de mort que dans l'industrie. L'opinion » généralement admise que le plus grand nombre des accidents dans

» la grande Culture proviennent de l'emploi des machines est fausse; » la statistique prussienne pour 1870 et pour 1880 prouve que le nombre des accidents par les machines est très minime relativement aux » accidents produits par la chute du haut des échafaudages, des arbres, » des toits, des meules, par les éboulements, par la chute sous des chars » et voitures, etc. »

Et ce qui est vrai pour le travail agricole l'est plus encore pour le travail forestier où les accidents sont si nombreux dans l'abattage des arbres, dans le transport des bois, etc.

Nous lisons, en effet, ce qui suit dans le Message du Conseil fédéral Suisse à l'Assemblée fédérale, à la date du 7 juin 1886 : « Au fond les » fabriques ne sont pas les exploitations les plus dangereuses, ainsi que » le prouvent entre autres les données contenues dans le 63e volume de » la Statistique suisse (mouvement de la population en 1884). »

D'après ces données, la mortalité par suite d'accidents d'hommes de 15 ans et au-dessus est, sur 10,000 personnes de même profession, de :

37,3 pour le camionnage et le roulage.

34,7 pour les mines, carrières, etc.

27,4 pour la sylviculture.

26,5 pour les services personnels et les gens de service.

20,1 pour la construction des ponts et chaussées et de chemins de fer et l'exploitation de ceux-ci.

14,5 pour la construction et l'ameublement des batiments.

13,5 pour la chasse et la pêche.

9,9 pour l'agriculture et l'élevage des bestiaux.

7,8 pour la fabrication des machines et des outils.

7,6 pour les produits chimiques.

5,1 pour l'industrie textile (1).

---

(1) Ce tableau complète et confirme ce que nous disions dans notre travail sur les lois d'assistance ouvrière en Allemagne, page 12 et suiv.

Si l'on ne considère donc que les accidents produits et leurs suites, l'extension de l'obligation à l'agriculture et à la sylviculture s'impose.

Mais comment réaliser ce desideratum ?

Le rapporteur ne nie pas les difficultés de l'organisation de l'assurance étendue dans toutes les campagnes ; mais il se demande, non sans quelque raison, si, au moment où les ouvriers agricoles tendent à déserter les champs pour gagner la ville, il convient d'encourager ce mouvement par l'appât d'une pension assurée en cas d'accident industriel. Ne faut-il pas, au contraire, chercher à enrayer le mouvement de désertion des campagnes en faisant jouir l'ouvrier agricole des bienfaits de l'assurance, aussi bien que l'ouvrier des villes ? Comme dernier argument, le rapporteur rappelle que l'exposé des motifs de la loi allemande évalue seulement à 40 pfennigs par an (50 centimes) la charge moyenne annuelle qui sera imposée à l'ouvrier agricole de dernière catégorie par l'assurance obligatoire.

Tels sont, en résumé, les arguments principaux qui ont entraîné la majorité de la Chambre à voter la première résolution rappelée plus haut. Plusieurs ont beaucoup de force, on ne peut le nier ; mais il eût été plus saisissant encore de montrer, en prenant une commune rurale pour exemple, *comment on pourrait procéder* pour réaliser économiquement et sûrement l'inscription des membres, la rentrée des cotisations, le contrôle des maladies, la constatation des accidents et la surveillance des pensionnés.

L'Allemagne a voté la loi sur les ouvriers agricoles et n'a pas encore, quoiqu'un an soit bientôt écoulé, laissé voir comment elle compte pratiquer pour l'application.

Il ne peut y avoir de doute à cet égard ; une fois que l'on s'engage dans la voie de l'assurance obligatoire, l'extension de l'assurance obligatoire s'impose fatalement et les difficultés semblent insurmontables.

## VOIE DANS LAQUELLE IL FAUT MARCHER EN FRANCE

Si l'on veut en France introduire l'assurance obligatoire, à l'exemple de l'Allemagne et de l'Autriche, il faut donc admettre que toute personne ayant un salaire sera incorporée bon gré mal gré dans deux corporations, dont l'une l'assurera contre les conséquences des maladies, l'autre contre les chances d'accidents; qu'elle ne pourra se déplacer sans faire des déclarations au départ et à l'arrivée. Au nom de la liberté, on a supprimé, il n'y a que peu d'années, l'obligation du livret d'ouvrier; au nom de la fraternité, on propose de rétablir une servitude plus dure que n'a jamais été celle dont on vient de détruire les derniers vestiges.

Il faut donc admettre que tout industriel devra communiquer toutes ses feuilles de payes; signaler dans les quinze jours à la corporation les moindres changements qu'il aura apportés à son outillage : c'est là une obligation qui semble bien difficilement acceptable dans une époque de transformations industrielles constantes, de luttes économiques ardentes.

L'Autriche a cru devoir suivre l'Allemagne dans cette voie; observons avec soin ce double essai; mais faisons plutôt, chez nous, appel à l'initiative individuelle.

En France, il a été beaucoup fait dans la voie de l'assistance ouvrière; l'initiative individuelle a produit, sur bien des points, de beaux résultats; mais ce qui manque, c'est la centralisation, la coordination des efforts.

Souvent les œuvres les plus généreuses ont été entachées d'un défaut qui est vivement senti dans la classe ouvrière; beaucoup de patrons, d'industriels ont voulu faire servir les Caisses d'assurances, de retraites, etc., à stabiliser leur personnel. L'ouvrier qui vient à quitter, fût-il membre d'une Caisse depuis quinze ou vingt ans, perd tous ses droits par le seul fait de son départ.

C'est ce « fil à la patte », pour employer une expression vulgaire, qui choque l'ouvrier, qui l'irrite. Il faut, dans l'intérêt même des relations avec les ouvriers, que les patrons renoncent à vouloir faire de l'assurance une chaîne dorée. Si toutes les Caisses de secours d'une même industrie d'une grande région s'associaient entre elles, comme l'ont fait les cinq grandes Compagnies houillères de la Loire, un grand pas serait fait, et les partisans de l'assurance obligatoire officielle perdraient un des principaux arguments sur lesquels ils s'appuient pour nier l'efficacité de l'action individuelle.

C'est donc en prenant l'initiative de la formation de corporations d'assurances que les Syndicats industriels, que les Chambres de commerce, que les groupes de patrons ôteront aux partisans de l'obligation légale leur principale force.

Il y a quelques années encore les lois françaises sur le droit d'association et de réunion étaient si restrictives que l'isolement s'imposait aux Sociétés d'assurances et de secours.

A d'autres temps, d'autres mœurs. Les lois ont changé, il faut savoir agir en conséquence. Dans tous les domaines, on sent en France qu'il faut s'unir pour constituer de puissants organismes; si l'initiative privée n'opère librement ce groupement, cette concentration, les appels à l'État deviendront de plus en plus vifs, et de sa pesante main il fera ce que devraient faire librement les industriels.

Paris, 1er mars 1887.

# PROJET DE LOI

## SUR L'ASSURANCE DES OUVRIERS CONTRE LES ACCIDENTS (1)

---

### Étendue de l'assurance.

§ 1.

Tous les ouvriers et employés occupés dans les fabriques, les usines, les mines non soumises au régime minier, les chantiers maritimes de construction, les chantiers de travaux publics et les carrières, et ceux occupés dans les dépendances de ces divers travaux, sont assurés contre les suites des accidents survenus en cours de travail, conformément aux prescriptions de la présente loi. Al. 1.

Cette même loi concerne également les ouvriers et les employés qui sont occupés à tous les métiers qui se rapportent à l'industrie des constructions, ainsi que ceux qui sont occupés à ces constructions elles-même. Cette disposition ne s'applique pas aux ouvriers qui, sans appartenir à un de ces corps de métiers, exécutent seulement quelques réparations à une construction. L'obligation de l'assurance ne s'étend pas non plus aux constructions, sans étage, pour habitation ou exploitation, que le propriétaire, aidé seulement de ses parents et de ses voisins, exécute dans la campagne, à condition que ceux qui travaillent ne soient pas ouvriers de métier. Al. 2.

Sont assimilés aux différents travaux spécifiés dans l'alinéa premier : Al. 3.

1° Tout travail dans lequel on produit ou emploie des matières explosibles ;

2° Tout travail industriel, agricole ou forestier, dans lequel sont employées des machines à vapeur, ou toute autre machine mue par une force élémentaire (vent, eau, vapeur, gaz, air chaud, électricité, etc.), ou par des animaux. Cette disposition ne s'applique pas aux travaux dans lesquels on n'emploie que d'une façon transitoire, une machine motrice n'appartenant pas à l'exploitation.

Si dans un travail agricole ou forestier, soumis à l'obligation de l'assurance, la machine motrice spéciale à cet établissement peut être utilisée de façon à ce qu'un nombre restreint d'ouvriers soient seuls exposés aux dangers de son emploi, dans ce cas, l'obligation de l'assurance peut être limitée aux seules personnes exposées à ce danger. Al. 4.

L'assurance contre les accidents consécutifs de leur travail sera, pour les ouvriers et employés occupés dans les mines soumises à la législation minière et pour les établissements qui en dépendent, l'objet d'une loi spéciale. Al. 5.

---

(1) Voté en troisième lecture par la Chambre des Seigneurs, le 17 février 1887 ; et soumis actuellement de nouveau à la Chambre des députés par suite de quelques modifications apportées au texte qui avait été voté le 5 juin 1886 par la Chambre des députés.

Al. 6. Sous le nom d'ouvrier, ainsi que d'employé, doivent aussi être compris, dans le sens de la loi, les apprentis, les volontaires, les pratiquants, et toutes les autres personnes qui, par suite de leur instruction technique ou de leur apprentissage incomplets, ne sont pas payés ou n'ont qu'un salaire très bas.

§ 2.

Al. 1. Les prescriptions de cette loi ne sont applicables aux travaux de chemins de fer ou de navigation intérieure, qu'au cas où ces travaux font partie intégrante d'une industrie qui est par elle-même soumise à l'assurance obligatoire. Cependant sont soumis aux dispositions de cette loi les ouvriers et employés qui, bien qu'occupés dans les chemins de fer, ne sont pas atteints par la loi du 5 mars 1869, en raison du fait qu'ils sont attachés à un service étranger à l'exploitation.

Al. 2. Les prescriptions de la loi ne sont pas applicables aux travaux, relatifs à la navigation, qui sont soumis à la législation maritime.

§ 3.

Al. 1. Le ministre de l'Intérieur est autorisé à dispenser de l'obligation de l'assurance certaines industries désignées au paragraphe premier et qui ne paraissent pas entrainer de dangers d'accidents pour leur personnel.

Al. 2. De même, le ministre de l'Intérieur a le droit d'astreindre à l'assurance obligatoire certaines industries, non désignées au paragraphe premier, et qui paraissent entrainer de certains dangers d'accidents, spécialement des dangers d'incendie.

Al. 3. Les décisions prises, soit dans un sens, soit dans l'autre, en raison de cet article, seront communiquées chaque année au Reichsrath.

Al. 4. Le ministre de l'Intérieur est chargé de prendre les arrêtés relatifs aux ateliers mécaniques, ainsi qu'aux moteurs désignés dans le paragraphe premier, alinéa troisième.

§ 4.

Cette loi n'est pas applicable aux personnes qui sont occupées à un service de l'État, d'une Province, d'une Commune, ou d'un établissement public, toutes les fois qu'un accident leur créerait, à eux ou à leurs héritiers, un droit à une pension, dont la rente égalerait ou dépasserait celle établie par les §§ 6 et 7 de la présente loi.

## Objet de l'assurance. — Étendue et décompte de l'indemnité.

§ 5.

L'objet de l'assurance, prévue par le paragraphe premier, est d'accorder, dans les limites de la présente loi, une indemnité pour le préjudice résultant d'une blessure ou de la mort de l'assuré.

§ 6.

Al. 1. Dans le cas d'une blessure corporelle, l'indemnité consiste en une rente garantie au blessé à partir du commencement de la cinquième semaine après l'accident et pour toute la durée de l'incapacité de travail.

Al. 2. Le calcul de la rente sera basé sur le gain de travail que le blessé aura touché, pendant la dernière année, dans le poste même où l'accident lui est arrivé. Dans le cas où le blessé n'aurait pas occupé ce poste une année entière en comptant depuis le jour de l'accident, on adoptera pour base du calcul de la rente le gain qu'aura obtenu, pendant le même temps, un ouvrier du même genre dans le même travail, tout au moins dans un travail aussi analogue que possible à celui où s'est produit l'accident.

Dans le cas où, par sa nature même, cet emploi ne dure pas une année entière, mais seulement pendant une certaine période, chaque année, alors pour le compte du gain journalier moyen de travail, il ne sera tenu compte que du nombre des jours de travail consacrés à cet emploi. Al. 3.

Des interruptions accidentelles de travail ne doivent pas entrer en ligne de compte. Al. 4.

On comptera pour gain annuel, trois cents fois le gain journalier moyen. Al. 5.

Dans le cas où le gain annuel de travail d'un ouvrier ou d'un employé dépasse la somme de 1,200 florins (3,000 francs), l'excédent n'entre pas en ligne de compte. Al. 6.

Le gain annuel de travail des apprentis, des volontaires, des pratiquants, et de toute autre personne qui, à cause de leur instruction encore incomplète, ne gagnent encore rien ou n'ont qu'un gain tout à fait faible, doit être compté comme égal au moins au salaire annuel moyen le plus faible que gagne un ouvrier ordinaire dont l'apprentissage est achevé ou au salaire annuel le plus faible des employés formés par ce genre d'apprentissage, sans cependant que le gain puisse jamais dépasser annuellement 300 florins (750 francs). Al. 7.

La pension consiste : Al. 8.

*a*) Pour le cas d'invalidité complète, et pendant toute sa durée, en une rente atteignant 60 0/0 du gain annuel de travail.

*b*) Pour le cas d'invalidité partielle, et pendant toute sa durée, en une partie de la rente indiquée ci-dessus en *a*, fraction basée sur la capacité de travail qui subsiste encore, mais qui ne peut, en aucun cas, dépasser 50 0/0 du gain annuel.

Le blessé n'a aucun droit à une indemnité s'il a volontairement provoqué l'accident. Al. 9.

## § 7.

Dans le cas où l'accident aura eu pour conséquence la mort, l'indemnité doit consister, non seulement en secours conformément au § 6, et jusqu'au moment de la mort, mais encore : Al. 1.

1° En frais d'ensevelissement à fixer d'après les coutumes locales, sans cependant qu'ils puissent dépasser 25 florins (62 fr. 50).

2° En une pension en faveur des survivants, partant du jour de la mort, et réglée en se basant sur les prescriptions du § 6, alinéa 2 à 7 ;

Le montant de cette pension est, en tant 0/0 du salaire annuel : Al. 2.

*a*) Pour la veuve de la victime, jusqu'à sa mort ou son remariage, de 20 0/0 ; pour chaque enfant légitime, jusqu'à l'âge de 15 ans accomplis, de 15 0/0 ; et de 20 0/0 pour le cas où l'enfant a perdu ou perdra le second de ses parents ; pour chaque enfant illégitime, jusqu'à l'âge de 15 ans accomplis, de 10 0/0 ;

Les pensions de la veuve et des enfants ne pourront en aucun cas dépasser 50 0/0 du gain annuel total ; si en raison des bases indiquées ci-dessus, le total dépasse 50 0/0, chaque pension sera réduite proportionnellement.

*b*) Pour les ascendants de la victime, dans le cas où elle aura été leur seul soutien, et jusqu'à leur mort, ou jusqu'au moment où ils ne seront plus dans le besoin, 20 0/0. Cette proportion ne peut, en aucun cas, être dépassée même au cas où il existerait plusieurs ayants droit ; et la rente revient, dans ce cas, aux parents plutôt qu'aux grands-parents.

Dans le cas où elle se remarierait, la veuve reçoit, à titre de secours final, une somme égale au triple de la rente annuelle. Al. 3.

Si la victime ne s'est mariée qu'après l'accident, la veuve (ou le veuf) et les enfants issus de ce mariage n'ont aucun droit aux secours après la mort du blessé. Il n'est également accordé aucun Al. 4.

droit aux secours ni aux enfants illégitimes, conçus seulement après l'accident, ni à un époux qui, par sa faute, vivra dans une situation irrégulière.

Al. 5. Dans le cas où les ayants droit désignés sous *a*) existent en même temps que les ayants droit désignés sous *b*) il ne peut être accordé de secours à ces derniers, qu'autant que le maximum de la rente n'aura pas été absorbé par les premiers ayants droit.

§ 8.

Comme gain et salaire dans le sens de la loi doivent aussi figurer les tantièmes et les allocations en nature. La valeur de ces dernières doit être estimée d'après les cours moyens de la localité.

## Établissements d'assurances. — Leurs Membres et leur Comité de direction.

§ 9.

Al. 1. L'assurance prescrite par le § 1 est réalisée au moyen d'établissements d'assurances qui seront créés dans ce but, et qui reposent sur le principe de la mutualité.

Al. 2. En règle générale, il sera créé un de ces établissements d'assurances pour chaque province. Son siège sera dans la capitale de la province. Le ministre de l'Intérieur est cependant autorisé, soit à créer plusieurs établissements d'assurances dans une même province, soit à réunir plusieurs provinces voisines pour en former un seul et même établissement d'assurances. Dans ces cas, c'est le ministre qui désigne le siège de l'établissement d'assurances. Avant de prendre un arrêté de ce genre, le ministre devra demander l'approbation de chacun des Conseils provinciaux. (Landesausschuss.)

Al. 3. Il est accordé au ministre de l'Intérieur, sous réserve du respect des limites territoriales désignées dans l'alinéa 2, le droit de modifier les ressorts des établissements d'assurances, établis en vertu de cette loi, de réunir en un seul plusieurs établissements, ou de partager en plusieurs un établissement unique. Avant de prendre ces arrêtés, le ministre devra consulter les établissements d'assurances et obtenir l'assentiment des Conseils provinciaux intéressés.

Al. 4. Les établissements d'assurances désignés ci-dessus sont soumis à la surveillance de l'État, dans les limites des prescriptions générales à tous les établissements d'assurances et des prescriptions spéciales contenues dans la présente loi.

Al. 5. Les employés payés des établissements d'assurances devront être assermentés. Ils seront soumis à la surveillance disciplinaire du Comité de l'établissement. La nomination et la destitution des employés principaux, des employés techniques et des employés de la comptabilité doivent être soumis à l'approbation ministérielle.

§ 10.

Sont membres des établissements d'assurances désignés au § 9, les chefs de toutes les industries soumises à l'obligation de l'assurance et situées dans leur ressort; ainsi que les ouvriers et employés occupés dans ces industries et désignés au § 1.

§ 11.

Al. 1. Comme chef d'une entreprise (Unternehmer) soumise à l'obligation de l'assurance, doit être comptée la personne au compte de laquelle est effectué le travail.

Al. 2. Pour les travaux désignés au § 1, alinéa 2, il y a lieu de considérer comme entrepreneur, le chef de l'entreprise industrielle, quand il s'agit d'ouvriers et d'employés qui sont attachés à des industries spécialement organisées en vue de la construction; On considérera de même, comme entrepreneur, par rapport à tous les ouvriers occupés dans une construction, celui qui se sera chargé de la direction du travail; et s'il n'existe pas de chef de ce genre, c'est le propriétaire qui sera regardé comme l'entrepreneur.

Pour les diverses entreprises, désignées au § 1, al. 3, chiffre 2, qui n'emploient que d'une façon tout à fait passagère, des machines en location, on considérera comme entrepreneur, en tant qu'il s'agit des ouvriers ou employés attachés à ces machines, le propriétaire de la machine elle-même. Al. 3.

§ 12.

Le Comité de direction qui doit, d'après le § 9, prendre en mains la direction complète des affaires et doit représenter en tout les établissements d'assurances créés en vertu de la présente loi, est composé de membres de trois origines différentes : un tiers des membres est élu par les industriels, un tiers par les ouvriers assurés, et le troisième tiers est formé de personnes de confiance familiarisées avec toutes les questions techniques de la région qui sont choisies par le ministre de l'Intérieur sur la proposition du Conseil provincial ; le Comité élit dans son sein le président et le vice-président. Al. 1.

Le ministre de l'Intérieur a le droit de dissoudre le Comité de direction d'un établissement d'assurances et de remettre provisoirement la gestion des affaires et leur représentation à un administrateur. Cependant le ministre est tenu de prendre, dans les quatre semaines, les mesures nécessaires en vue de reconstituer le Comité de direction. Al. 2.

## Statuts des Établissements d'assurances.

§ 13.

Pour chaque établissement d'assurances, il y a lieu de rédiger des statuts conformes à des statuts types qui auront été arrêtés et publiés sous la forme d'ordonnance. Ces statuts établiront, en particulier, les charges et droits électoraux des membres ; régleront les mesures à prendre en vue des élections, conformément au § 12, des représentants des patrons et des ouvriers, et fixeront les conditions de participation à l'assurance. Ces statuts ainsi que toutes les modifications qui leur seront ultérieurement apportées, seront soumis à l'approbation de l'Administration. Al. 1.

Les statuts devront aussi contenir les prescriptions relatives à la forme et à la nature des communications, comptes et renseignements à transmettre par les industriels à l'établissement d'assurances; ils spécifieront également quand et comment ces renseignements divers devront parvenir. Al. 2.

## Classes des dangers.

§ 14.

Toutes les industries diverses comprises dans le domaine de la loi seront divisées en différentes classes selon les risques qu'elles présentent. Al. 1.

La situation relative qu'occupent, les unes vis-à-vis des autres, toutes les industries soumises à l'obligation de l'assurance, sous le rapport du danger auquel elles exposent les ouvriers, est désignée par un chiffre ; le coefficient appliqué aux industries les plus dangereuses sera représenté par 100, et celui appliqué à toutes les autres sera représenté par une fraction de ce nombre. Al. 2.

En raison de cette estimation, il sera établi une classification générale de toutes les industries Al. 3.

soumises à l'assurance, et cette classification sera disposée de telle sorte que, dans chaque classe de dangers, il y ait plusieurs unités successives.

Al. 4. La répartition de toutes les industries entre les diverses classes de dangers et l'établissement des coefficients applicables à chaque classe seront opérés par voie administrative, en se basant sur les statistiques d'accidents.

Al. 5. L'assignation d'un coefficient spécial à chaque industrie, dans les limites de la classification officielle, sera opérée par l'établissement d'assurances en tenant compte du degré de dangers de chaque genre de travail et, spécialement, des mesures de précautions prises en vue d'éviter les accidents. La division en classes, les coefficients applicables à chaque classe et la répartition des différentes industries entre chaque classe, seront publiés.

Al. 6. La division en classes de risques et la fixation des coefficients applicables à chaque classe sont revisables de cinq ans en cinq ans, en se basant sur les communications des établissements d'assurances désignés au § 9. La revision sera opérée pendant le cours de la cinquième année de façon à être applicable dès le commencement de la sixième année.

Al. 7. La première revision pourra avoir lieu plus tôt, dans le cas où les renseignements recueillis paraîtront suffisants pour exécuter le travail.

## Fonds de réserve.

§ 15.

Al. 1. En vue de constituer un fonds de réserve, chacun des établissements d'assurances établis conformément à la présente loi devra annuellement mettre à part une somme dont le ministre de l'Intérieur fixera la valeur. Les excédents provenant de la gestion annuelle de l'établissement seront appliqués au même but.

Al. 2. Le capital de réserve ne pourra, en aucun cas, monter à plus de 10 0/0 du fonds nécessaire à couvrir les engagements de l'établissement d'assurances.

Al. 3. Sur la totalité des versements au fonds de réserve faits chaque année par un établissement d'assurances : les 2/3 sont applicables à la formation d'un fonds de réserve spécial à l'établissement lui-même, et 1/3 est applicable à la formation d'un fonds commun à tous les établissements d'assurances établis conformément à la présente loi.

Al. 4. Les fonds de réserve sont destinés à parer aux insuffisances constatées lors de l'établissement du bilan annuel, par la comparaison des charges de l'établissement d'assurances calculées d'après les règles techniques des assurances, avec les paiements réellement effectués pour couvrir ces charges. C'est tout d'abord le fonds de réserve spécial de l'établissement qui doit être appliqué à couvrir ce déficit ; et ce n'est qu'après épuisement de ce fonds qu'il peut être fait appel au fonds commun général.

Al. 5. Le fonds commun sera administré par l'État à titre de fonds spécial. C'est le ministre de l'Intérieur qui, dans chaque cas particulier, statuera sur l'emploi de ce fonds, conformément aux prescriptions de l'alinéa précédent.

## Constitution du capital. Cotisations d'assurances.

§ 16.

Al. 1. Les sommes nécessaires pour constituer, conformément aux règles techniques des assurances, le capital correspondant aux pensions et aux secours accordés en vertu des §§ 6 et 7, pour faire face aux frais d'administration et enfin pour alimenter le fonds de réserve stipulé au § 15, seront fournies par des cotisations d'assurance qui doivent être payées par les membres associés proportionnellement au salaire touché par les assurés. Quand le gain annuel de travail dépasse 1,200 florins, ce maximum seul sert de base au calcul de la cotisation. Pour les personnes désignées au § 6 al. 7 on prendra pour base du calcul de l'assurance, le gain tel qu'il a été défini dans cet article.

Les cotisations d'assurance sont fixées d'après un tarif rédigé par l'établissement d'assurances et approuvé par l'Administration. L'établissement de ce tarif aura pour bases le classement des industries selon les risques et les taux des salaires. Al. 2.

Pour la première année le tarif sera établi sous forme d'arrêté administratif. Al. 3.

Le ministre de l'Intérieur est autorisé, en tenant compte des résultats du bilan annuel de chaque établissement d'assurances à élever ou abaisser son tarif. Al. 4.

§ 17 (1).

Ceux des assurés dont le gain moyen de travail par jour dépasse en argent un florin (2 fr. 50) (2) supporteront 10 0/0 de la cotisation d'assurance fixée conformément au tarif; l'entrepreneur supportera 90 0/0 de la cotisation. Al. 1.

La cotisation d'assurance pour tous les autres assurés sera à la charge exclusive de l'entrepreneur. Al. 2.

## Fixation des industries soumises à l'assurance et classification de ces industries.

§ 18.

Tout entrepreneur (§ 11) est tenu d'adresser à l'établissement d'assurances dans le ressort duquel il se trouve, une déclaration par laquelle il fait connaître l'objet et l'organisation de son industrie, le nombre des personnes astreintes à l'assurance qu'il occupe, et la somme du gain annuel qui doit servir de base aux calculs de l'assurance (§ 6, al. 5, 6 et 7). Cette déclaration devra avoir lieu dans un délai fixé par ordonnance du ministre de l'Intérieur pour les industries existantes, et dans un délai maximum de quinze jours pour les industries nouvellement créées, Pour les industries nouvelles, l'avis doit indiquer le jour de la mise en train du travail. Al. 1.

Les autorités politiques de première instance ont également à faire connaître à l'établissement d'assurances les industries assurables existant ou récemment créées dans leur ressort. Al. 2

Dès qu'il a reçu cet avis et ces renseignements, le Comité de direction de l'établissement d'assurances doit décider si l'industrie en question est réellement soumise à l'assurance obligatoire, et dans ce cas, il doit décider dans quelle classe de dangers, et avec quel coefficient dans cette classe doit être inscrite cette industrie. L'entrepreneur doit être avisé de cette décision et doit recevoir en même temps communication du tarif. Il a, pendant un délai de quinze jours, à partir de cet avis, droit d'appel contre cette décision devant l'autorité politique provinciale. Cette autorité doit communiquer cette réclamation à l'établissement d'assurances, et doit réunir à ce sujet tous les éclaircissements voulus; il statue sous réserve de droit d'appel au ministre de l'Intérieur. Al 3.

---

(1) La rédaction votée par la Chambre des députés était la suivante :

« Dix pour 100 de la cotisation d'assurance, fixée conformément au tarif, est à la charge de l'assuré et » 90 0/0 à la charge de l'entrepreneur du travail.

» La cotisation d'assurance de ceux des assurés qui ne touchent aucune partie de leur gain en argent, » est entièrement à la charge des entrepreneurs seuls. »

Elle faisait participer tous les ouvriers aux charges de l'assurance, sauf ceux qui n'étaient payés qu'en nature.

(2) Pratiquement, par suite du cours forcé, la valeur du florin devrait plutôt être indiquée comme étant de 1 fr. 90 à 2 francs.

Al. 4 L'autorité administrative, préposée à la surveillance des établissements d'assurances, a, elle aussi, le droit de faire appel contre les décisions du Comité de l'établissement.

Al. 5. L'introduction d'une réclamation n'a pas d'effet suspensif.

§ 19.

Al. 1. Tout entrepreneur (§ 11) est astreint à donner connaissance au Comité de l'établissement d'assurances, dans un délai de quinze jours, de toute modification apportée à son industrie et pouvant avoir de l'influence soit sur le fait de l'obligation d'assurance, soit sur l'inscription à une classe de dangers, soit sur l'inscription avec un coefficient spécial dans cette classe. Le Comité, au vu de cette déclaration, doit décider si l'industrie devient soumise à l'assurance obligatoire, si elle doit être inscrite à une autre classe de dangers, ou s'il doit lui être appliqué dans la classe un coefficient différent.

Al. 2. Au sujet des décisions à prendre sur cet avis et des réclamations à produire, il y a lieu de s'en rapporter aux prescriptions du paragraphe 18, alinéas 3, 4 et 5.

§ 20.

Al. 1. Si, après qu'il aura été statué conformément aux prescriptions des paragraphes 18 et 19, il parvient à la connaissance du Comité de l'établissement d'assurances des faits qui modifient, pour une industrie assurable, son inscription soit dans une classe de risques, soit à un certain coefficient dans cette classe, alors le Comité peut, après avoir entendu l'entrepreneur, décider qu'à partir de ce moment-là, la dite industrie sera inscrite dans une catégorie spéciale de risques, ou qu'il lui sera appliqué un coefficient différent.

Al. 2. Au sujet de cette décision et des réclamations à son égard, il y a lieu de s'en rapporter aux prescriptions du paragraphe 18, alinéas 3, 4 et 5.

## Fixation et prélèvement de la cotisation d'assurances.

§ 21.

Dans le délai de quinzaine, après la fin de chaque période déterminée par les statuts pour le règlement des comptes, les entrepreneurs (§ 11) doivent payer à l'établissement d'assurances les cotisations dues par eux et par les ouvriers qu'ils occupent, calculées conformément aux tarifs de l'établissement; ils doivent y joindre les éléments qui ont servi à ce calcul.

§ 22.

Al. 1. Les entrepreneurs ou chefs d'industrie sont astreints à payer eux-mêmes à l'établissement les cotisations dues par les personnes assurées et qu'ils occupent. Ils sont, en conséquence, autorisés à décompter sur le gain ou le salaire qu'ils doivent, et à retenir sur le montant de ces sommes, la quote-part d'assurance imputable à leurs ouvriers conformément au paragraphe 17.

Ce décompte est établi et cette retenue est opérée sur les gain et salaire de la période même à laquelle se rapportait l'assurance réglée et il sera donné connaissance aux intéressés des éléments du calcul.

Al. 2. Les autorités politiques de première instance sont chargées d'examiner les réclamations relatives à ces calculs d'assurances, sous réserve du droit d'appel.

Al. 3. Si un entrepreneur ne fait pas usage du droit de décompte et de retenue qui lui est réservé sur le gain et le salaire de ses ouvriers, il n'a le droit de rappeler et de percevoir ultérieurement ces sommes que s'il ne s'est pas écoulé plus d'un mois depuis le paiement de ces gain et salaire.

Passé ce délai, toute réclamation ultérieure au sujet de ces retenues est périmée. Al. 4.

§ 23.

L'établissement d'assurances vérifie si les calculs de participation à l'assurance, établis par chaque entrepreneur, sont exacts, pour la période écoulée (§ 21). Al. 1.

Dans ce but, l'établissement d'assurances a le droit de faire vérifier, sur place, par un mandataire, les écritures de l'entrepreneur qui lui ont servi pour établir la quote-part des assurés. Al. 2.

Les entrepreneurs sont tenus de communiquer ces écritures aux agents dûment accrédités de l'établissement d'assurances; en se basant sur les vérifications ainsi effectuées, l'établissement d'assurances fixe définitivement les versements à effectuer par chaque industriel pour la période écoulée. Al. 3.

Si un entrepreneur ne se conforme pas aux obligations qui lui sont imposées par le § 21 et ne remet pas en temps voulu ses relevés de comptes, l'établissement d'assurances a le droit de fixer administrativement la somme à payer pour la période écoulée. Dans ce cas également, l'établissement d'assurances a le droit de prendre connaissance des écritures de l'entrepreneur qui permettront de régler la question d'assurance, et l'entrepreneur est obligé de communiquer ces documents. Al. 4.

Les décisions prises au sujet de cette question doivent être communiquées à l'entrepreneur. Cette communication doit être faite en vue, soit d'un versement complémentaire, soit d'un remboursement. Al. 5.

L'entrepreneur a le droit d'interjeter appel, dans un délai de quinze jours, contre la taxation qui lui a été imposée par l'établissement d'assurances. Cet appel est adressé aux autorités politiques de la province. Ces autorités doivent saisir l'établissement d'assurances de cette protestation et se faire remettre les éclaircissements nécessaires relatifs à la question; elles statuent sous réserve du droit d'appel auprès du ministre de l'Intérieur. Al. 6.

L'autorité administrative préposée à la surveillance de l'établissement d'assurances a, elle aussi, le droit d'interjeter appel contre les décisions réglant la quote-part d'assurance. Al. 7.

L'appel n'a pas d'effet suspensif. Al. 8.

§ 24.

Toutes les personnes qui sont, conformément au § 23, accréditées par l'établissement d'assurances auprès d'entrepreneurs pour prendre connaissance de leurs écritures, sont assermentées et se sont engagées à garder le secret sur tous les renseignements qu'elles auront pu recueillir sur les affaires techniques ou commerciales. Al. 1.

Ces personnes ne doivent recevoir aucune espèce d'indemnité pour leur peine, ni de la part des entrepreneurs, ni de la part des assurés, et doivent refuser l'hospitalité qui pourrait leur être offerte par les uns ou les autres. Al. 2.

L'administration financière ne doit demander aucun renseignement d'aucune nature, ni à ces employés, ni à l'établissement d'assurances lui-même. Al. 3.

§ 25.

Si les déclarations prescrites par le § 18 n'ont pas été faites, ou n'ont été adressées qu'après le délai fixé; et si l'établissement d'assurances n'est que tardivement prévenu de l'existence d'une entreprise industrielle assurable, dans ce cas, l'entrepreneur qui a négligé de faire les déclarations Al. 1.

en temps voulu, supportera seul toutes les charges de l'assurance pendant tout le temps qui s'est écoulé jusqu'au moment où l'établissement d'assurances à été suffisamment renseigné pour régulariser la situation.

Al. 2. Pour ce qui regarde la fixation, par mesure rétroactive, des contributions d'assurances, et le droit d'appel contre cette fixation, sont applicables les prescriptions du § 23, al. 2 à 6.

§ 26.

Les cotisations d'assurances en retard seront perçues par voie administrative.

§ 27.

Dans le cas où une industrie soumise à l'assurance est arrêtée, l'entrepreneur doit en prévenir l'établissement d'assurances dans un délai de 8 jours. En même temps qu'il fait cette déclaration, l'industriel doit payer sa contribution d'assurances pour la période écoulée depuis le dernier règlement régulier; ce règlement doit être accompagné des pièces justificatives (§ 21).

## Inspection des ateliers industriels.

§ 28.

Al. 1. L'établissement d'assurances est autorisé à s'adresser à l'inspecteur industriel en fonctions, et à le charger de visiter en détails les industries soumises à l'obligation de l'assurance. L'Inspecteur industriel doit satisfaire à ces demandes avec tout le zèle désirable.

Al. 2. Pour ces inspections, les prescriptions de la loi du 17 juin 1883 sont entièrement applicables. L'entrepreneur et ses représentants sont tenus de fournir à l'inspecteur industriel tous les éclaircissements voulus, spécialement pour tout ce qui se rapporte aux dangers d'accidents que peut entraîner cette industrie.

Al. 3. L'Inspecteur industriel doit transmettre directement à l'établissement d'assurances tous les renseignements qu'il aura recueillis. En se basant sur ces renseignements, l'établissement d'assurances a le droit de s'adresser aux autorités politiques de première instance, dans le ressort desquelles se trouve l'industrie en question, et de leur demander de promulguer des prescriptions relatives aux mesures à prendre par les patrons pour protéger les ouvriers contre les accidents résultant du travail, et aux précautions à observer également par les ouvriers pour éviter les dangers.

Al. 4. Dans le cas où les autorités politiques de 1re instance auraient accédé aux demandes de l'établissement d'assurances, les instructions, dès leur publication, seront communiquées aux entrepreneurs t seront portées à la connaissance des intéressés dans les salles de travail, de la façon la plus convenable. L'entrepreneur a, d'ailleurs, droit de recours par voie administrative contre ces règlements.

Al. 5. Les frais qui résulteront de l'application des prescriptions de l'alinéa 1 pour les inspecteurs des fabriques, et spécialement ceux qui résulteront de l'obligation qui s'imposera d'augmenter le nombre de ces inspecteurs, seront considérés comme frais d'administration et supportés par les établissements d'assurances. Le montant total de ces frais sera arrêté par le ministre du Commerce de concert avec le ministre de l'Intérieur, et sera réparti par ce dernier entre les divers établissements en proportion de l'importance des entreprises.

### Obligation de donner avis des accidents.

§ 29.

Si, par accident survenu dans un établissement industriel soumis à l'assurance obligatoire, une personne occupée dans cet établissement a été tuée, ou a reçu une blessure pouvant entraîner la mort ou une incapacité de travail de plus de trois jours, l'entrepreneur doit en faire la déclaration dans le délai maximum de cinq jours. Cette déclaration doit être adressée en double exemplaire par l'entrepreneur ou par ses agents, à l'autorité politique de 1re instance de la localité. Al. 1.

La forme et le contenu de ces avis seront déterminés par un règlement d'administration publique. Al. 2.

§ 30.

L'autorité politique doit communiquer de suite, à l'établissement d'assurances, l'un des deux exemplaires de déclaration d'accident qu'elle aura reçu.

### Fixation des droits à l'Indemnité.

§ 31.

Lorsque les autorités politiques auront été averties d'un accident par lequel une personne assurée a été tuée ou a reçu une blessure qui semble devoir entraîner la mort ou une incapacité de travail de plus de 4 semaines, elles auront le plus tôt possible, par une enquête spéciale, à recueillir les renseignements suivants : Al. 1.

1° Quelles sont les causes et la nature de l'accident;

2° Quelles sont les personnes tuées ou blessées;

3° Quel est le gain de travail de chacune d'elles;

4° Quelle est la nature des blessures reçues par chaque personne;

5° Quelle est la résidence de toutes les personnes blessées;

6° Quels sont les survivants des personnes tuées par l'accident, qui ont droit, d'après l'art. 7, à l'obtention d'indemnités.

L'établissement d'assurances peut se faire représenter à l'enquête. Il doit donc être prévenu en temps voulu du moment où elle aura lieu. Tous les frais causés par l'enquête, et spécialement ceux qui, dans certains cas, pourront être produits par l'appel d'experts, sont supportés par l'établissement d'assurances. Le résultat de l'enquête devra être communiqué à l'établissement d'assurances. Al. 2.

§ 32.

Les autorités communales devront donner leur concours à l'enquête faite en vue d'établir les droits et l'importance des indemnités à attribuer.

§ 33.

Si des personnes assurées sont tuées par accident, l'établissement d assurances doit aussitôt après la clôture de l'enquête (§ 31) décider l'importance des indemnités à accorder en exécution du § 7. Si la mort ne se produit que plus tardivement, l'établissement d'assurances doit agir dès qu'il est prévenu du décès. Al. 1.

Al. 2. Si des personnes assurées sont blessées par accident et que quatre semaines après la date de l'accident elles sont encore partiellement ou totalement incapables de travail, dans ce cas la pension qui leur est due en vertu du § 6 doit être déterminée de suite.

Al. 3. Si des personnes assurées ont été blessées et sont encore, après les quatre semaines, en traitement à cause de ces blessures, il ne sera pris de décision qu'au sujet de la rente à accorder jusqu'à la fin de la période de traitement, et la fixation définitive de la pension n'aura lieu qu'après achèvement de cette période de traitement.

§ 34.

Al. 1. L'intéressé pour lequel l'indemnité n'aura pas été fixée d'office doit, sous peine de déchéance de ses droits, adresser ses réclamations à l'établissement d'assurances dans le délai d'un an après l'accident.

Al. 2. Si la demande d'indemnité est reconnue fondée, la quotité de l'indemnité doit être fixée de suite ; dans le cas contraire, la demande est simplement rejetée.

§ 35.

Les entrepreneurs doivent, dans le délai de huit jours après la demande, fournir aux établissements d'assurances tous les renseignements nécessaires sur le gain et le salaire des tués ou des blessés, ou d'autres personnes occupées dans leurs ateliers, et en général tous les renseignements nécessaires au calcul du gain de travail, conformément au § 6, al. 2 à 7.

§ 36.

Al. 1. L'établissement d'assurances doit, par communication écrite, aviser de l'importance et du mode de calcul de l'indemnité aussi bien celui dont la situation aura été réglée d'office, que celui qui aura fait valoir directement ses droits. Dans les décisions prises à l'égard des blessés devenus invalides, il devra être indiqué d'une façon précise s'ils sont considérés comme partiellement ou totalement invalides, et en cas d'invalidité partielle, le degré d'invalidité admis devra être spécifié.

Al. 2. Le rejet d'une demande d'indemnité devra également être porté à la connaissance de l'intéressé.

## Paiement des indemnités.

§ 37.

Al. 1. Les frais d'enterrement (§ 7, al. 1) sont payables dans la semaine qui suit.

Al. 2. Les pensions des blessés et des survivants sont payables mensuellement, par avance, sur la présentation d'un certificat de vie.

Al. 3. Les statuts auront à régler les questions relatives à l'établissement des certificats de vie, et au mode de paiement des rentes et des frais d'enterrement.

## Tribunal arbitral.

§ 38.

Al. 1. Pour chaque établissement d'assurances créé en vertu de la présente loi, il sera installé au siège de cet établissement un tribunal arbitral qui sera exclusivement chargé de connaître les réclamations qui auront pu s'élever contre l'établissement d'assurances et que cet établissement n'aura pu régler par lui-même.

Le tribunal arbitral se compose d'un président inamovible, de quatre assesseurs et des suppléants nécessaires. Le président et son suppléant seront nommés par le ministre de la Justice, d'accord avec le ministre de l'Intérieur et choisis parmi les fonctionnaires de l'ordre judiciaire. Sur les assesseurs, deux d'entre eux, ainsi que leurs suppléants, seront choisis par le ministre de l'Intérieur, d'accord avec les autres ministres compétents, parmi des hommes du métier, et appelés pour un temps déterminé à siéger au tribunal. Al. 2.

Un assesseur et son suppléant seront élus par les entrepreneurs astreints à l'assurance obligatoire; le quatrième assesseur et son suppléant par les assurés dans le même scrutin que celui relatif au Comité (§ 12) et pour la même durée de fonctions. Aucun des membres du tribunal arbitral ne pourra appartenir à la direction de l'établissement d'assurances, ni être fonctionnaire de cet établissement.

Du reste la constitution du tribunal arbitral, la procédure qu'il devra suivre, ainsi que les indemnités qui peuvent être éventuellement accordées aux membres feront l'objet d'un règlement d'administration publique; les frais relatifs à la constitution et à la gestion du tribunal arbitral doivent être supportés par l'établissement d'assurances. Al. 3.

Les moyens de droit et les plaintes contre la décision du tribunal arbitral ne sont pas recevables. Al. 4.

Pour l'exécution des décisions du tribunal arbitral, ou des transactions qui ont été consenties devant ce tribunal, le soin en est remis au tribunal dans le ressort duquel se trouve le débiteur. Al. 5.

Les réclamations contre l'établissement d'assurances doivent sous peine de nullité, être introduites sous forme d'une plainte adressée au tribunal arbitral, dans le délai d'un an à partir de la communication adressée à l'intéressé conformément au § 36. Al. 6.

## Changement dans les circonstances qui constituent le droit aux secours.

### § 39.

S'il survient dans les circonstances qui justifiaient l'établissement des indemnités, un changement important, alors il pourra y avoir lieu à une nouvelle détermination de l'indemnité soit sur la demande des intéressés, soit d'office. Al. 1.

Si un blessé, auquel une indemnité avait été accordée conformément au § 6, est mort des suites de ses blessures, les survivants doivent déclarer à l'établissement d'assurance le fait et faire valoir leurs droits à une pension, sous peine de déchéance, dans le délai d'un an à partir du jour de la mort du blessé, à moins que l'établissement n'ait de lui-même pris l'initiative du règlement de la question. Al. 2.

L'augmentation de la pension ne peut être réclamée que pour le temps qui court à partir du jour du dépôt de la demande. Al. 3.

Une diminution ou une suppression de pension part du jour où la décision prise à ce sujet (§ 36). est communiquée à l'intéressé. Les plaintes élevées à ce sujet devant le tribunal arbitral n'ont pas d'effet suspensif (§ 38). Al. 4.

Du reste, pour la procédure dans ces différents cas, les § 32, 34 al. 2, 35, 36 et 38 sont applicables dans leur esprit. Al. 5.

### § 40.

Si un ouvrier ou un employé auquel il a été accordé à la suite d'un accident, conformément au § 6 al. 8 lettre *a*, une rente de 60 0/0 de son gain annuel, a pu soit chez son ancien patron soit chez un nouveau, avoir une occupation en rapport avec sa situation antérieure, alors on pourra conformément au § 39 al. 1 et en tenant compte du salaire et du gain qu'il aura obtenu réduire partiellement ou supprimer la rente précédemment accordée. Al. 1.

Al. 2. Si dans un cas pareil, le salaire ou le gain accordé à l'ouvrier ou à l'employé en question monte au moins à 80 0/0 du gain annuel qui a servi de base à l'établissement de la pension, alors l'établissement d'assurances est tenu de bonifier au patron actuel pendant tout le temps que durera cette nouvelle situation du blessé, la moitié de l'économie résultat de la suppression partielle ou totale de la pension.

### Renonciation à la pension de secours.

§ 41.

Un accord entre un établissement d'assurances et un ayant droit à une pension, par lequel l'intéressé renonce à tout ou partie de la pension en échange du paiement de la partie correspondante du capital, n'est régulier et légal que si la convention a été conclue après avis favorable de la commune responsable des secours qu'en cas d'indigence pourrait recevoir l'intéressé.

### Étrangers ayant droit à des indemnités.

§ 42.

Al. 1. Si l'intéressé est un étranger, et qu'il demeure d'une façon définitive en pays étranger, alors l'établissement d'assurances est autorisé à transformer la rente en un capital à déterminer suivant les circonstances et payable de suite.

Al. 2. Cette stipulation ne sera pas applicable aux ayants droit qui appartiennent aux provinces de la couronne de Hongrie, si par une loi analogue, les habitants des pays autrichiens sont admis à jouir en Hongrie des mêmes avantages.

### Illégalité des saisies opérées contre les droits à indemnités.

§ 43.

Al. 1. Les droits acquis par un pensionné en vertu de la présente loi ne peuvent être saisis entre les mains de l'établissement d'assurances, ni soumis à des mesures conservatrices. Il n'y a d'exception à la règle que pour ce qui se rapporte à l'entretien immédiat de l'assuré.

Al. 2. De même que la saisie, et les mesures conservatrices ne sont pas applicables, de même devront être regardées comme sans valeur légale toute cession, toute mise en gage, et enfin toute autre procédure judiciaire relative au titre de la pension.

### Interdiction de conventions particulières.

§ 44.

Les établissements d'assurances ne sont pas autorisés à supprimer ou à limiter à leur profit les dispositions de la présente loi par des conventions préalables. Toute convention contraire à cette défense est sans valeur légale.

### Responsabilité de l'entrepreneur ou de tiers en cas d'accidents.

§ 45.

Al. 1. L'entrepreneur (§ 11), qui, par lui-même ou en cas d'inaptitude technique par son représentant légal, a causé un accident volontairement ou par une faute grossière, est tenu d'indemniser l'établissement d'assurances pour tous les dommages-intérêts accordés en vertu de la présente loi.

La même responsabilité incombe à toute société par actions, à toute association civile ou commerciale, ou enfin à toute autre société, quand un membre du Conseil, un associé régulièrement chargé de la gestion ou un liquidateur a causé intentionnellement l'accident, ou l'a produit par une faute grossière. Al. 2.

Au lieu de la rente, l'établissement d'assurances peut, dans les cas ci-dessus, exiger le versement du capital, basé sur les tables qui servent aux calculs de l'établissement. Al. 3.

Le droit en revendication pour l'établissement d'assurances est périmé dans le délai de trois ans, à partir du jour de l'accident. Al. 4.

§ 46.

L'assuré ou ses ayants droit ne peuvent poursuivre l'entrepreneur et faire valoir contre lui une réclamation en dommages-intérêts que si l'accident a été produit par une des personnes désignées au § 45, alinéas 1 et 2, volontairement ou par suite d'une faute grossière. Al. 1.

Dans ce cas, la réclamation est limitée à l'excédent d'indemnité accordée par les lois existantes (§ 1325 à 1327 du Code civil) par rapport aux chiffres fixés par la présente loi. Al. 2.

§ 47.

La mise en cause des fondés de pouvoirs ou des représentants de l'entrepreneur, de ses surveillants de travaux ou de ses contremaîtres, ou de toute autre personne qui aura causé un accident volontairement ou par une imprudence, se règle d'après la législation existante. Al. 1.

Il ne reviendra à l'assuré ou à ses ayants droit, à la suite de ces poursuites, que la par d'indemnité qui dépassera l'indemnité accordée par l'établissement d'assurances. Al. 2

## Surveillance officielle.

§ 48.

La surveillance officielle sur les établissements d'assurances créés en vertu de la présente loi, sera exercée par les autorités politiques de la province dans laquelle se trouve le siège de l'établissement, et par le ministre de l'Intérieur. Le ministre de l'Intérieur est aussi chargé de donn r les approbations officielles toutes les fois qu'elles sont exigées par la présente loi.

## Comité consultatif des assurances.

§ 49.

Pour conseiller le ministre de l'Intérieur, dans tout ce qui a rapport à l'exécution de la présente loi, il sera formé un Comité consultatif composé de personnes du métier, qui appartiendront, soit à l'industrie, soit à des exploitations agricoles et forestières, telles qu'elles sont désignées dans le § 1, alinéa 3, chiffre 2, ou bien qui connaîtront spécialement les questions d'assurances, de l'industrie. Le rôle de ce Comité sera limité d'une façon précise par un règlement d'administration publique. Il devra être consulté d'une façon spéciale :

1° Avant la fixation ou la modification des limites d'un établissement d'assurances, comme aussi avant la réunion de plusieurs établissements ou la subdivision de l'un d'eux (§ 9) ;

2° Avant la publication des statuts types pour les établissements d'assurances (§ 13) ;

3° Avant la publication des décisions qui divisent les industries en classes de dangers, et qui établissent les coefficients applicables à chaque classe (§ 14) ;

4° Avant la promulgation du tarif applicable à la première année (§ 16, alinéa 3).

5° Avant la publication d'un décret élevant ou abaissant le tarif applicable à un établissement d'assurances (§ 16, alinéa 4);

6° Avant aucun emploi du fonds commun de réserve (§ 15).

### Coopération des autorités politiques.

§ 50.

Al. 1. Les autorités politiques doivent répondre aussi complètement que possible aux demandes qui leur sont adressées par les établissements d'assurances et qui sont comprises dans les limites de la présente loi. Elles doivent donner leur concours à ces établissements, et leur fournir spontanément tous les renseignements qui peuvent avoir de l'importance pour leur gestion.

Al. 2. Les établissements d'assurances ne sont pas autorisés à réclamer le concours des employés de l'administration des Finances.

### Prescriptions spéciales.

§ 51.

Si les avis à communiquer en vertu des § 18, 19 et 27; si les comptes qui doivent être transmis aux établissements d'assurances en vertu des § 21 et 27 et si les renseignements qui doivent être soumis conformément à l'article 35 contiennent des données inexactes, l'entrepreneur qui aura transmis ces avis, comptes et renseignements, sera puni d'une amende de 5 à 500 florins; et en cas de non-paiement, d'un emprisonnement de 1 à 90 jours; sans préjudice des poursuites dirigées contre lui à l'occasion de ces faits et en vertu des lois générales.

§ 52.

Al. 1. Les entrepreneurs qui n'auront pas en temps voulu fait parvenir conformément aux § 18, 19, 21, 23, 27 et 35 les avis, les comptes et les renseignements seront punis d'une amende qui pourra monter à 100 florins et en cas de non-payement, d'un emprisonnement pouvant aller à vingt jours.

Al. 2. Les mêmes peines s'appliquent aux employés chargés de transmettre les avis prescrits par le § 29 et qui ne les auront pas fait parvenir en temps voulu.

§ 53.

Si une entreprise soumise à l'obligation de l'assurance, est administrée, non pas par l'entrepreneur lui-même, mais par un gérant, alors les pénalités prescrites aux §§ 51 et 52, al. 1, sont applicables à ce gérant. Mais l'entrepreneur est responsable du payement des amendes.

§ 54.

Al. 1. L'exécution des pénalités appliquées en raison des dispositions visées par les §§ 51 et 52 est remise aux soins des autorités politiques.

Al. 2. Les amendes et pénalités financières sont versées au fonds de réserve de l'établissement d'assurances.

### Recours.

§ 55.

En tant que la présente loi n'en aura pas disposé autrement, les appels contre les décisions des autorités politiques doivent être adressés dans le délai de quinze jours, à partir du jour de la décision attaquée, à l'autorité qui a statué en première instance.

### Exemption des frais et du timbre.

§ 56.

Toutes les pièces nécessaires pour l'établissement et la justification des points de droit, qui seront demandées soit aux entrepreneurs astreints à l'assurance obligatoire, soit aux assurés, soit aux établissements d'assurances, seront exemptes de frais et de timbre. Al. 1.

Les prescriptions de la loi du 15 avril 1885 sont applicables aux établissements d'assurances établis en vertu de la présente loi. Al. 2.

Les cotisations d'assurances, à fournir par les entrepreneurs, doivent être déduites quand il s'agira de déterminer les bases des impositions des industries soumises à l'assurance obligatoire. Al. 3.

### Industries exclues de l'assurance. — Corporations d'assurances.

§ 57.

S'il existe, à côté d'une industrie soumise à l'assurance obligatoire, une Société dont les statuts ont été approuvés par l'Administration ; si les personnes, désignées au paragraphe premier de la loi, qui sont employées dans cette industrie, sont assurées auprès de cette Société contre les conséquences des accidents de travail, au moins dans les limites fixées par la présente loi ; si les entrepreneurs participent aux charges de cette même Société, au moins dans les proportions fixées par la loi, dans ce cas les entrepreneurs de cette industrie sont autorisés à demander à ne pas être astreints à faire partie de l'établissement d'assurances créé conformément au § 9 de la présente loi. Al. 1.

Le ministre de l'Intérieur statue sur cette demande après enquête sur les conditions de ladite Société. L'autorisation sera refusée si les capitaux ou la gestion de la Société ne semblent pas susceptibles d'assurer une parfaite sécurité quant à l'exécution des engagements vis-à-vis des assurés. Al. 2.

§ 58.

Si un certain nombre d'entrepreneurs d'industries soumises à l'assurance obligatoire, appartenant à la circonscription d'un seul ou même de plusieurs établissements d'assurances, s'unissent dans le but de réaliser l'exécution de la présente loi par la création d'une corporation spéciale d'assurance, dans ce cas le ministre de l'Intérieur peut donner son approbation. Mais il doit, tout d'abord, consulter les établissements d'assurances intéressés, ainsi que le Comité consultatif créé en vertu du § 49. La création ne pourra avoir lieu qu'aux conditions suivantes :

1° Les statuts projetés devront indiquer que les personnes assurées devront recevoir, en dédommagement des conséquences des accidents de travail, au moins les mêmes avantages que ceux spécifiés par la présente loi ; et ils ne devront pas participer aux charges dans une proportion plus forte que celles prescrites par la loi ;

2° La séparation des industries des pétitionnaires d'avec les établissements d'assurances ne devra pas avoir pour conséquence un affaiblissement de ces établissements tel qu'ils ne puissent que difficilement continuer à fonctionner.

3° La nouvelle corporation dont la création sera demandée devra présenter sous tous les rapports toutes les garanties de sécurité quant à l'exécution des obligations vis-à-vis des assurés.

Les statuts de ces corporations d'assurances décrites plus haut, devront être soumis à l'approbation administrative; ils devront contenir sur l'organisation et le fonctionnement toutes les prescriptions nécessaires; Le ministre de l'Intérieur est autorisé à apporter à ces prescription toutes les modifications résultant des circonstances spéciales dans lesquelles se trouvent ces corporations.

§ 59.

Al. 1. Les sociétés désignées au § 57 et les corporations fondées en vertu de l'article 58 restent sous la surveillance administrative. S'il ressort d'une enquête ultérieure que les sociétés ou corporations fonctionnant conformément aux § 57 et 58 ne remplissent plus toutes les conditions de complète sécurité pour les assurés soit en raison de leur fortune, soit en raison de leur gestion, alors le ministre de l'Intérieur a le droit de prescrire la fusion de ces sociétés avec les établissements d'assurances de la région.

Al. 2. Pour chaque accident, les sociétés créées en vertu des §§ 57 et 58 sont astreintes à remettre de suite le capital correspondant à la valeur des rentes constituées en faveur du blessé ou de ses héritiers, dans la caisse de l'établissement d'assurances de la région: et c'est cet établissement qui assume dès lors la responsabilité du payement des rentes. Le payement de ce capital, dont le chiffre est fixé d'après les règles de comptabilité adoptées par l'établissement d'assurances est garanti par les entrepreneurs membres de cette société d'assurances. Ces prescriptions ne sont pas obligatoires pour celles des sociétés d'assurances qui dépendent d'une entreprise industrielle exploitée par l'État.

## Rapports des établissements d'assurances.

§ 60.

Al. 1. A la fin de chaque année civile, tous les établissements d'assurances établis en vertu de la présente loi doivent adresser au ministre de l'Intérieur un rapport relatif à la statistique des accidents, à l'administration générale de l'établissement et tout particulièrement à l'état et l'emploi de leurs capitaux.

Al. 2. Ces rapports auxquels doit être joint un compte rendu relatif à la gestion, à l'état et au placement des capitaux du fonds de réserve commun (§ 15) doivent faire chaque année l'objet d'un rapport spécial adressé au Reichsrath.

## Observations concernant les Caisses de secours et les Compagnies privées d'assurances.

§ 61.

Al. 1. Les droits que les assurés possèdent sur des fonds d'associations, ou sur des Caisses de maladies, de décès, d'invalides ou d'autres Caisses de secours, ou encore sur d'autres établissements d'assurances établis en vertu de la présente loi ne sont pas atteints par cette loi. Il en est de même pour ce qui touche les obligations des communes, des autres corporations ou des fondations de secours en faveur des pauvres.

Il n'y a d'exception à cette règle que pour les traités qui auront été conclus avant le 1er mars 1886 entre un établissement privé d'assurances et l'entrepreneur d'un travail soumis en vertu de la présente loi à l'obligation de l'assurance, qui seront relatifs à l'assurance d'ouvriers occupés à ce travail et assujettis en vertu du § 1 de la loi à l'obligation de l'assurance, et qui ne seront pas encore arrivés à leur terme au moment où la présente loi devra être mise en vigueur pour lesdites personnes. Ces prescriptions concernent aussi bien les établissements d'assurances créés en vertu du § 9, que les corporations créées en vertu du § 58 pour les travaux qui sont situés dans leur ressort; ces établissements se substituent légalement aux entrepreneurs et aux assurés, de sorte que l'établissement légalement constitué doit payer les primes d'assurances aux Compagnies privées pour chaque cas spécial et jusqu'à échéance finale des traités; mais, par contre, doit toucher chacune des sommes que la Compagnie en question doit payer pour chaque accident qui sera survenu. Al. 2.

Les prescriptions du précédent alinéa ne sont applicables que si le traité d'assurances en question a été, dans les trois mois de l'entrée en vigueur de la présente loi, communiqué par l'entrepreneur qui l'a signé, aux autorités politiques de première instance dans le ressort desquelles se trouvent les travaux assurables, et que si les polices en question ont été déposées. Al. 3.

## Dispositions transitoires.

§ 62.

L'administration de l'État est autorisée à accorder des avances pour faciliter la première installation et le premier fonctionnement des établissements d'assurances à créer en vertu du § 9; ces avances pourront être accordées jusqu'à la fin de la première période de versements de cotisations. et devront être remboursées par les établissements d'assurances en question.

§ 63.

Cette loi entrera en vigueur trois mois après sa promulgation. Al. 1.

Le moment auquel commenceront à être applicables les prescriptions du § 1, sera fixé par un arrêté spécial du ministre de l'Intérieur, publié sous forme de règlement d'administration publique. Al. 2.

En vue d'organiser les établissements d'assurances prescrits au § 9, le ministre de l'Intérieur est autorisé à prendre toutes les mesures nécessaires, et spécialement à réclamer des entrepreneurs de travaux soumis à l'assurance obligatoire tous les renseignements utiles. Al. 2.

## Clause exécutive

§ 64

Sont chargés de l'exécution de la présente loi, nos ministres de l'Intérieur et de la Justice d'accord avec nos autres ministres pour ce qui les concerne.

Adopté en troisième lecture par la Chambre des Seigneurs, le 11 février 1887.

Vienne, 17 février 1887.

## EXEMPLES DIVERS D'APPLICATION DE LA LOI D'ASSURANCES CONTRE LES ACCIDENTS

*(Extraits du Rapport de la Commission de la Chambre des Députés. Vienne 24 février 1885.)*

---

### I, Papeterie.

*Hypothèse.*

| | Florins. | Francs. |
|---|---|---|
| Nombre des ouvriers : 100. | | |
| Gain journalier moyen . . . . . . . . . | 1 » | 2 50 |
| Nombre des jours de travail : 300. | | |
| Paye tous les quinze jours. | | |

*Application de la loi.*

| | Florins. | Francs. |
|---|---|---|
| Salaire annuel, total . . . . . . . . . . . | 30.000 » | 75.000 » |
| Coefficient de participation exigé : 1.74 0/0 du gain. | | |
| Versement total annuel. . . . . . . . . | 522 » | 1.305 » |
| Part à payer par les patrons . . . . . . | 469 80 | 1.174 50 |
| — par les ouvriers. . . . . . | 52 20 | 130 50 |
| Gain d'un ouvrier par quinzaine . . . . . | 12 » | 30 » |
| Versement du patron par quinzaine . . . | 0 19 | 0 47 |
| — de l'ouvrier par quinzaine. . . | 0 02 | 0 05 |
| Versement total par ouvrier et par an : 13 fr. 05 c. | | |

### II. Tissage.

*Hypothèse.*

| | Florins. | Francs. |
|---|---|---|
| Nombre des ouvriers : 380. | | |
| Gain journalier moyen . . . . . . . . . . | 0 80 | 2 » |
| Nombre des jours de travail : 300. | | |
| Paye tous les quinze jours. | | |

*Application de la loi.*

| | Florins. | Francs. |
|---|---|---|
| Salaire annuel total. . . . . . . . . . . . | 91.200 » | 228.000 » |
| Coefficient de participation exigé 0.54 0/0 du gain. | | |
| Versement total annuel. . . . . . . . . . | 492 48 | 1.231 20 |
| Part à payer par les patrons. . . . . . . . | 443 23 | 1.108 10 |
| — par les ouvriers . . . . . . | 49 25 | 123 10 |
| Gain d'un ouvrier par quinzaine. . . . . | 9 60 | 24 » |
| Versement du patron par quinzaine . . . | 0 047 | 0 117 |
| — de l'ouvrier par quinzaine. . . | 0 005 | 0 013 |
| Versement total par ouvrier et par an : 3 fr. 20 c. | | |

## III. Fabrique de machines.

*Hypothèse.*

| | | |
|---|---|---|
| Nombre des ouvriers : 160. | | |
| Gain journalier moyen. . . . . . . . . . . | 1 50 | 3 75 |
| Nombre de jours de travail : 300. | | |
| Paye toutes les semaines. | | |

*Application de la loi.*

| | | |
|---|---|---|
| Salaire annuel total. . . . . . . . . . . . | 72.000 » | 180.000 » |
| Coefficient de participation exigé, 2,28 0/0 du gain. | | |
| Versement total annuel . . . . . . . . . . | 1.641 60 | 4.104 » |
| Part à payer par les patrons. . . . . . . . | 1.477 44 | 3.693 60 |
| — par les ouvriers . . . . . . | 164 15 | 410 40 |
| Gain d'un ouvrier par semaine. . . . . . | 9 » | 22 50 |
| Versement du patron par semaine . . . . | 0 185 | 0 462 |
| — de l'ouvrier par semaine . . . | 0 02 | 0 05 |
| Versement total par ouvrier et par an : 25 fr. 65 c. | | |

## IV. Travail agricole avec emploi de machines.

(Un certain nombre des ouvriers de cette exploitation sont seuls employés auprès des machines, et sont par suite seuls exposés; seuls aussi ils sont soumis à l'assurance).

*Hypothèse.*

| | Florins. | Francs. |
| --- | --- | --- |
| Nombre des ouvriers : 40. | | |
| Gain journalier moyen . . . . . . . . . . | 0 55 | 1.375 » |
| Durée d'emploi de la machine : quatre semaines. | | |
| Paye chaque semaine. | | |

*Application de la loi.*

| | | |
| --- | --- | --- |
| Salaire annuel total . . . . . . . . . . . | 528 » | 1.320 » |
| Coefficient de participation exigé 1,5 0/0 du gain. | | |
| Versement total annuel . . . . . . . . . | 7 92 | 19 80 |
| Versement par le patron. . . . . . . . . | 6 12 | 17 80 |
| — par les ouvriers . . . . . . . | 0 80 | 1 » |
| Gain d'un ouvrier par semaine. . . . . . | 3 30 | 8 25 |
| Versement du patron par semaine . . . . | 0 045 | 0 112 |
| — de l'ouvrier par semaine . . . . | 0 005 | 0 011 |

Versement total par ouvrier et pour les quatre semaines de travail : 0 fr. 495.

Ce qui correspondrait par an à 5 fr. 94 c.

# TABLEAU STATISTIQUE

## DES CAS DE MALADIE

D'après l'*Allgemeinen Arbeiter-Kranken-und Invalidenkasse* de Vienne,

pendant les années 1881-1882-1883.

| CLASSEMENT PAR NATURE DE PROFESSIONS | NOMBRE DES PERSONNES OBSERVÉES | NOMBRE DES CAS DE MALADIE | NOMBRE TOTAL DES JOURS DE MALADIE | PROPORTION DU NOMBRE DES MALADES AU NOMBRE des personnes 0/0 | DURÉE MOYENNE DES MALADIES EN JOURS | NOMBRE MOYEN DES JOURS DE MALADIE PAR PERSONNE ET PAR AN |
|---|---|---|---|---|---|---|
| Serruriers et armuriers. . . . | 12.079 | 6.889 | 117.145 | 57 | 17.0 | 9.7 |
| Ouvriers de fabriques et journaliers. . . . . . . . . . . . | 11.124 | 6.475 | 118.995 | 58 | 18.4 | 10.7 |
| Forgerons . . . . . . . . . . | 5.085 | 3.136 | 55.663 | 62 | 17.8 | 10.9 |
| Menuisiers et ébénistes. . . . . | 4.203 | 1.990 | 39.587 | 47 | 19.9 | 9.4 |
| Tourneurs en fer et en métaux | 3.018 | 2.107 | 37.059 | 70 | 17.6 | 12.3 |
| Monteurs et fondeurs . . . . . | 2.675 | 1.612 | 31.168 | 60 | 19.3 | 11.7 |
| Machinistes et aides. . . . . | 2.527 | 1.749 | 30.186 | 69 | 17.3 | 11.9 |
| Cordonniers . . . . . . . . . | 914 | 372 | 6.345 | 41 | 17.1 | 6.9 |
| Ferblantiers et ouvriers en métaux. . . . . . . . . . . . | 885 | 462 | 8.507 | 52 | 18.4 | 9.6 |
| Selliers et fabricants de harnais. | 808 | 306 | 5.821 | 38 | 19.0 | 7.2 |
| Meuniers et brasseurs. . . . . | 739 | 407 | 7.420 | 55 | 18.2 | 10.0 |
| Badigeonneurs et vernisseurs. . | 653 | 327 | 6.258 | 50 | 19.1 | 9.6 |
| Filateurs et tisseurs . . . . . . | 559 | 243 | 4.865 | 44 | 20.0 | 8.7 |
| Maçons et tailleurs de pierres. . | 528 | 299 | 5.348 | 57 | 17.9 | 10.1 |
| Tailleurs et fourreurs . . . . . | 245 | 73 | 1.632 | 30 | 22.4 | 6.7 |
| Métiers divers. . . . . . . . . | 1.278 | 662 | 14.005 | 52 | 21.2 | 11.0 |
| Membres femmes. . . . . . . | 9.741 | 6.225 | 104.374 | 64 | 16.8 | 10.7 |
| TOTAL. . . . . . | 57.061 | 33.334 | 594.380 | 58 | 17.8 | 10.4 |

# TABLEAU STATISTIQUE

## DES CAS DE MALADIE

d'après l' « *Unterstützungs institute fur Diener und Arbeiter der privat, Osterr. ungar. Staats eisenbahngesellschaft.* »

**pendant les années 1881-1882-1883**

| CLASSEMENT PAR NATURE DE PROFESSIONS | NOMBRE de PERSONNES observées | NOMBRE DES CAS de maladie | NOMBRE TOTAL des jours de maladie | PROPORTION DU NOMBRE des maladies au nombre des personnes 0/0 | DURÉE MOYENNE des maladies — en jours | NOMBRE MOYEN des jours de maladie par personne et par an |
|---|---|---|---|---|---|---|
| Mineurs . . . . . . . . . . | 22.224 | 9.029 | 136.298 | 41 | 15.1 | 6.1 |
| Employés de service. . . . . | 1.418 | 723 | 9.164 | 51 | 12.7 | 6.5 |
| Ouvriers en fer . . . . . . . | 1.744 | 772 | 11.577 | 44 | 15.0 | 6.6 |
| Personnel des trains. . . . | 3.686 | 2.899 | 40.021 | 79 | 13.8 | 10.9 |
| Ouvriers de fourneaux. . . . | 3.397 | 1.818 | 27.022 | 54 | 14.9 | 8.0 |
| Gardes-forestiers . . . . . . | 919 | 428 | 7.553 | 47 | 17.6 | 8.2 |
| Chauffeurs . . . . . . . . . | 1.498 | 1.085 | 15.043 | 72 | 13.9 | 10.0 |
| Aides . . . . . . . . . . . | 4.320 | 1.648 | 26.246 | 38 | 15.9 | 6.1 |
| Charretiers . . . . . . . . . | 3.415 | 796 | 14.551 | 23 | 18.3 | 4.3 |
| Bûcherons . . . . . . . . . | 4.550 | 1.188 | 18.168 | 26 | 15.3 | 4.0 |
| Ouvriers d'usine. . . . . . . | 2.180 | 2.495 | 29.467 | 114 | 11.8 | 13.5 |
| Charbonniers. . . . . . . . . | 1.149 | 676 | 9.651 | 59 | 14.3 | 8.4 |
| Machinistes de locomotives . . | 1.282 | 1.316 | 20.714 | 103 | 15.7 | 16.2 |
| Forgerons et serruriers. . . . | 6.695 | 4.135 | 54.693 | 63 | 13.2 | 8.2 |
| Personnel des stations . . . . | 16.741 | 7.007 | 124.328 | 42 | 17.7 | 7.4 |
| Personnel de la voie. . . . . | 27.063 | 6.398 | 108.715 | 24 | 17.0 | 4.0 |
| Journaliers. . . . . . . . . | 8.773 | 3.617 | 52.540 | 41 | 14.5 | 6.0 |
| | 111.054 | 46.030 | 705.721 | 41 | 15.3 | 6.4 |

## TABLE DES MATIÈRES

8 fevrier 9







IMPRIMERIE CENTRALE DES CHEMINS DE FER. — IMPRIMERIE CHAIX. — RUE BERGÈRE, 20, PARIS. — 22314-7

www.ingramcontent.com/pod-product-compliance
Lightning Source LLC
LaVergne TN
LVHW020439230826
846091LV00004B/1550
*9782013636100*